不煩惱邏輯學

北村良子

瑞昇文化

前言

你擅長「思考」嗎？
你喜歡「思考」嗎？
相信會覺得自己不太擅長，甚至感到棘手的朋友應該也不少吧？為什麼會萌生這種想法呢？為了親身感受，現在讓我們先來試試一個練習題。

那麼，問題如下。

——請試著針對「人生」來進行思考。

請各位先把這本書放在一旁，花個3分鐘左右的時間想一想吧。

或許會有人給出以下這樣的回答。

「我覺得什麼是幸福人生、什麼是糟糕的人生，答案會因人而異，不過我認為所謂的幸福人生是……」

此時，有人突然跳出來插話了。

「不，請等一下，主題變了呢。並不是關於幸福的人生，而是關於人生。」

大家覺得如何呢？話題進展到這裡，好像就搞不清楚目前到底是在思考些什麼了。當我們在思考某些事情的時候，某種程度上，如果沒有給予詳細的主題，往往就無法思索下去了。當然，在進行邏輯思考時也是相同的道理。方才的例也是一樣的，因為「關於人生」這個過於籠統的主題會讓思考有所窒礙，因此如果想要盡可能讓思考更順暢，就會將主題聚焦在「關於幸福的人生」這個主題上。

那麼，所謂邏輯思考為何呢？當有人請各位「用邏輯思考看看」的時候，相較於平常的思考模式，我們又應該在哪些部分有所變化呢？

所謂邏輯思考就是合乎道理的思考模式。擁有從提問到結論為止，一切都乾脆順暢地依照順序展開、簡單明瞭的特性。舉例來說，「我知道你喜歡巧克力，為了讓你開心，所以我選了起司蛋糕。」這樣的說法，就不合乎邏輯。在這種場合，要挑選的就不該是起司蛋糕，而是巧克力蛋糕才對吧！就像這樣，如果在對話中插入了奇怪的部分時，聽在他人耳裡就會無法理解。如果能夠進行有邏輯性的思考和說話方式的話，就不會讓聽者或讀者感到一頭霧水。

那麼，思考的標的是什麼、邏輯思考又該怎麼進行，當我們開始進行思考這個作業時，如果缺少了作為素材的主題，一切是無法展開。

本書採用「思考實驗」這個有點另類的主題，來進行「思考訓練」。所謂的「思考實驗」就如同字面所述的試驗，所需要的就是各位的大腦以及作為思考標的素材而已。為了讓大家能更容易想像，筆者決定以建立故事結構這種方式來展開思考實驗。

「思考實驗」的特性之一，就是某些問題有正確答案，不過也會出現沒有正確解答的情況。也就是說，會在「必須有正確答案」這個前提不存在的情況下來進行實驗。事實上，這世上有許多問題都是沒有正確解答，或者是問題解決之後，也不知道所選擇的方式是否就是正確答案。**最重要的，就是能否確立自己的思考、是否能找到適用於自己的答案。這樣的思考能力就會驅使這個世界的商業運作。**適切地說，思考實驗就是一種能讓大家愉快地學習思考力和邏輯思考力的工具。光是閱讀就能任意地發揮思考能力，讓大腦產生全新的神經迴路。

筆者於本書的每個章節之間，為垂直思考（邏輯思考）和水平思考這兩種思考模式準備了解題訓練。至於所謂的水平思考，雖然可視為和垂直思考互為對比，但是就藉著自由發想產生創意的思考這一點來說，兩者仍有著密切的關聯性。

舉個例子，我們用水平思考來構想將在主題樂園裡設置的全新遊樂設施。在那之後必須要做的，就是以預算為首、評估是否有可能實現的垂直思考。

那麼，以上就是獻給讀者們的開場白，現在差不多該帶領各位進入邏輯思考和思考實驗的世界囉！在閱讀本書時，請從「如果發生了這樣的事該怎麼辦呢？」這樣的角度來切入本書情境，我相信諸位讀者們的大腦裡應該會閃過一些新的發現。感覺好難喔，但是滿有趣的。就在你邊訓練邊感到困惑的同時，或許也代表著你將有機會和過去都從未發現的自己相遇。

在正式進入思考實驗之前，我們要先了解進行邏輯思考時有可能會掉進的3個陷阱。不論大家想要先迅速地翻閱瀏覽一遍，或是先從思考實驗的部分開始都是沒問題的，請先挑選自己喜歡的部分來閱讀吧。那麼，我們的課程就要開始囉！

不燒腦邏輯學　目錄

第 2 章

重新檢視論點

第3章 換個方向思考看看

第4章 悄悄地置入感情看看

第5章 不要輕信記憶

WHY?

展開邏輯思考課程之前

在課程開始之前，要請各位讀者將那些會妨礙邏輯思考的思考習慣先擱置在你腦海中的一角。以下就跟大家介紹3種常見的思考習慣。

1 為什麼會如此深信不疑呢？

人類的大腦總是會容易對某些事物產生既定印象。不，才沒有那回事呢。也許有人會這麼否認，不過會這麼說的人，我認為可能是誤會這裡對於深信二字的解釋。

舉例而言，從朋友那裡聽聞以下這件事，若是你的話，會怎麼想呢？

「車站前面的那間鬆餅屋，現在正大排長龍呢！」

大家的感覺是什麼呢？一定會在腦海中浮現一群年輕女性正在那裡排隊的模樣吧！不過，也許那間店販賣的是以愛好甜食的男性為主要銷售對象的店家，或是以40多歲以上的成熟女性為訴求所打造而成的沉穩店鋪。

如果電視上正在播報車禍的新聞，開車的是80多歲的高齡年長者，可能在我們心中浮現的，就是該高齡駕駛可能有失智症或腦部退化等問題，導致判斷失誤而出了車禍。甚至好像還能聽到「又是高齡長輩啊，果然還是要認真考慮收回駕駛執照的措施。」這樣的反響。然而，或許這位駕駛人根本就沒有肇事責任，甚至完全沒有一點閃失。

2 為什麼將錯就錯地繼續進行下去呢？

如果要運用大腦將世事一一經過正確思索的話，將會耗費相當多的能量。因此，人們傾向利用自己一路走來的經驗，在某種程度上跳躍性地決定答案「就是這個」。關於這部分，並不是從零開始思考，而是運用已經儲存在大腦內的材料，來製作出思考的捷徑。為了能自然地發揮這個機能，我們才會常常對於某件事存在著既定印象。

在進行邏輯思考之前，我認為要先就邏輯思考過程中容易掉進的陷阱進行審視。

邏輯思考中就屬建構式思考最為拿手。

「A就是B，B就是C。這樣的話，A就是C。」接著，如果得知「C就是D，也是E」的話，便能得出「A就是E」這個結論。

這樣的思考方式相當容易理解，只要將事實一一建構起來，便有可能可以導出相當出色的創意點子。但另一方面來說，如果其中出現了一個錯誤，就會讓思考往錯誤的方向行進。現在就舉出一個數學方程式，也許能讓大家更容易了解。

$$X+Y=7$$

$$12Y=5X-1$$

根據以上兩則算式，求出X與Y的數值。

首先，將「X＋Y＝7」換成「X＝7－Y」，然後代入第2個算式。「12Y＝5（7－Y）－1」，稍微整理一下，可知「17Y＝34」，則得出Y＝2，將Y的答案代入第一個算式後，則導出X＝5。

倘若過程中發生計算錯誤，例如若將Y誤算成3時，X值理所當然也會算錯。就像這樣，**進行邏輯性的建構式思考時，如果在途中出現錯誤，就會影響到後續的發展**。

舉個例子，假設有「最近大豆受到人們的關注。使用大豆製作的甜點也很受到人們的歡迎。那麼，我們公司也將心力放在以大豆為食材的甜點吧！」這樣的想法出現，不過，若是「使用大豆製作的甜點很受歡迎」的這個部分是錯誤的話，基於這個想法就無法作出正確的推論。

這個世界上所存在的並非都是正確的資訊，也有很多必須從不正確的資訊裡經過反覆推論的情況。為了在這之中收集到正確的情報，觀察力也是不可或缺的一種能力。

3 為什麼會如此執著在這一點呢？

大家有沒有聽過那個因為被ＮＨＫ節目「白熱教室」介紹而廣為人知的礦車鐵道思考實驗呢？

載著堆積如山石頭的礦車猛烈地加速行進著，看起來像是發生了什麼故障，導致煞車失靈了。不幸的是，在這台礦車奔馳的軌道前方上有有5位作業人員。而幸運的是，軌道在這5位作業人員的前方一分為二，站在切換控制桿旁邊的你可以拯救這5個人。但是，如果切換成另一條軌道後，那邊也有1位作業人員站在那裡呢！

你會切換軌道嗎？或是會讓礦車直接一路行駛下去呢？

向大眾詢問這個問題後，絕大多數人都說自己會切換控制桿，表示不會切換的則是少數派。不過，在問過不少人後，也有人說出了兩者皆非的答案，例如下面這個回答。

「如果是我的話，可能會巧妙地操縱控制桿，讓礦車脫離軌道。」

如果聽到這個答案，各位心中會浮現什麼樣的感想呢？

當然，就發想而言是很不錯的，但問題是在問各位是否會切換控制桿，因此拘泥在這種思考顯然就不符合主旨了。

當有人問你：「香蕉有2個，蘋果有3個，加起來有幾個呢？」這時你看著眼前的圖畫，上頭的香蕉1串有5根，但即便如此，大家應該也不會回答「13個」。因為每個人都知道對方想問到的答案應該是5個，這是顯而易見的問題。

在回答後心想這樣的答案是否妥當的時候，請大家懷抱這個答案是否符合本次案例的疑問，再次以宏觀的角度審視一次自己的答案，藉此進行邏輯思考，相信會是很不錯的選擇。

當人們越認為「想到一件好點子時」，就會越往那個想法的死胡同裡鑽研。無論是多棒的靈光一閃，那些想法都未必是正確的思維。依據情況不同來進行判斷，這一點是相當重要的。

第 1 章

試著比較看看

透過比較
可以理解得更清楚

各位讀者好。

那麼，我們最初的主題就是「試著比較看看」。

我們在思考任何一件事物時，經常都會用「比較」方式來進行。

舉個例子，A套餐和B套餐，午餐該選哪一款好呢？A大學、B大學和C大學，該報考哪一間才對呢？公寓和透天厝，該住哪一種呢？A服務和B服務，該挑哪一類呢？

從日常生活到商業場合中的各種判斷，都會運用到比較的原理。

如果我們打從出生以來就一直住在公寓裡，到了考慮要變更居住環境時，也許透天厝或共享住宅就會成為選項之一。光是這樣，我們有可能會特意列舉所有的選項以方便作出比較。簡直就像是為了要確認自己的選擇是正確的，才因此進行各式各樣的比較。

為什麼要比較到這種程度呢？或許是為了**讓思考能更加輕鬆方便**吧。舉例而言，當我們評估「去A大學」這個選項時，為了理解A大學是否真的理想，和其他大學一比較就能更容易了解吧。如果手邊欠缺比較的資訊，就會覺得「無法得知A大學好不好，因為也不知道其他大學如何。」從這點就能看出，比較是一個讓人便於思考的工具。

你最近進行了什麼樣的比較呢？

請試著回想過去的經驗，然後再試著思考當時「為何要這麼比較呢？」

在這個章節裡，將會向各位讀者介紹以比較為重點的思考實驗。比較的標的包括「自己」、「檢驗」以及「腳踏車」。**只要針對各項進行邏輯思考，大腦就會產生新的迴路，形成一種思考的訓練。**

那麼，接下來就讓我們開始進行思考實驗吧！

思考實驗 1

那是真的自己嗎？

傳送裝置

在2755年，以空間移動進行的旅行模式蔚為風潮，其中又以火星旅行特別有人氣。

2685年開發的傳送裝置漸漸朝著小型化、量產化邁進，時間來到2755年左右，只要是擁有某種規模的大型旅行社，這類機器大概都是他們經常使用的款式。

「這一天總算來臨了。」

阿滿心裡所想的全都是接下來要前往的地方。

「必要的行李都帶齊全了，和一般國內旅行時帶一樣的行李就可以了吧。畢竟去火星旅行也變輕鬆了呢。」

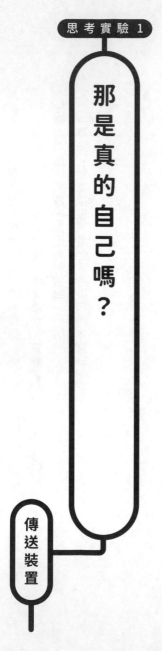

「這次要前往火星旅行的人總共有7位。那麼，現在就針對傳送裝置進行簡單的說明。」

旅行社的承辦人員以熟稔的口吻開始進行說明。

「首先，在這裡的機器旁邊可以看到一個藍色圓形的部分，這就是傳送點。客人只要站在這裡，我這邊就會按下開關，接著大家就會立刻被轉移到火星的傳送點。後續的事情再麻煩各位向火星那邊的負責人詢問。那麼接下來就……」

除了阿滿之外，其他6位要前往火星的旅客都朝著傳送裝置走去。不過，阿滿對於傳送裝置還有些疑問。

「請問……」

正在繼續為其他客人進行介紹的承辦人員笑容滿面地看向阿滿。

只要站上這個藍色的圓形，就能瞬間移動到火星吧。不過，是基於什麼原理呢？」

負責人員以似是相當習慣這類提問的模樣開始說明。

「傳送時，客人您全身的細胞都會開始分解，等那些數據資料全都送往火星之後，會在火星再度凝聚組成。」

阿滿的不安變得更大了。

「欸，你說分解？這樣不會痛嗎？」

承辦人員又說得更詳細一些。

「沒有問題，在分解的瞬間就會將客人的數據資料送往火星，這樣您就能到達火星了。大家都能安全地抵達火星，享受快樂的旅行，還能再用同樣的方式回到地球。從沒聽說過有客人表示會痛的，請您放心！」

好像稍微放下心中的大石的阿滿，接著又向對方確認是否能再請教一個問題。掛著笑容的承辦人員點點頭，於是阿滿繼續問道。

「我會在這裡就被分解對吧？所以抵達火星的是我的分身，還是我本人呢？」

承辦人員臉上的表情有點困惑，但還是禮數周到地回答：

「是貨真價實的客人喔。不管是記憶還是身體，全部都會繼續延續下去，沒有問題的，我因為工作的關係也到過火星好幾遍，即使如此，我還是什麼都沒有改變哦，照樣像這樣工作，前去旅行的各位也是一樣的」

於是阿滿決定前往火星看看。他一掃心中的不安感，心裡想著只要去一趟就會了解了吧，於是便站上傳送裝置。

「那麼，現在就要把您送往火星了，請在那裡稍作等待一下。」

承辦人員按下了傳送裝置的開關。

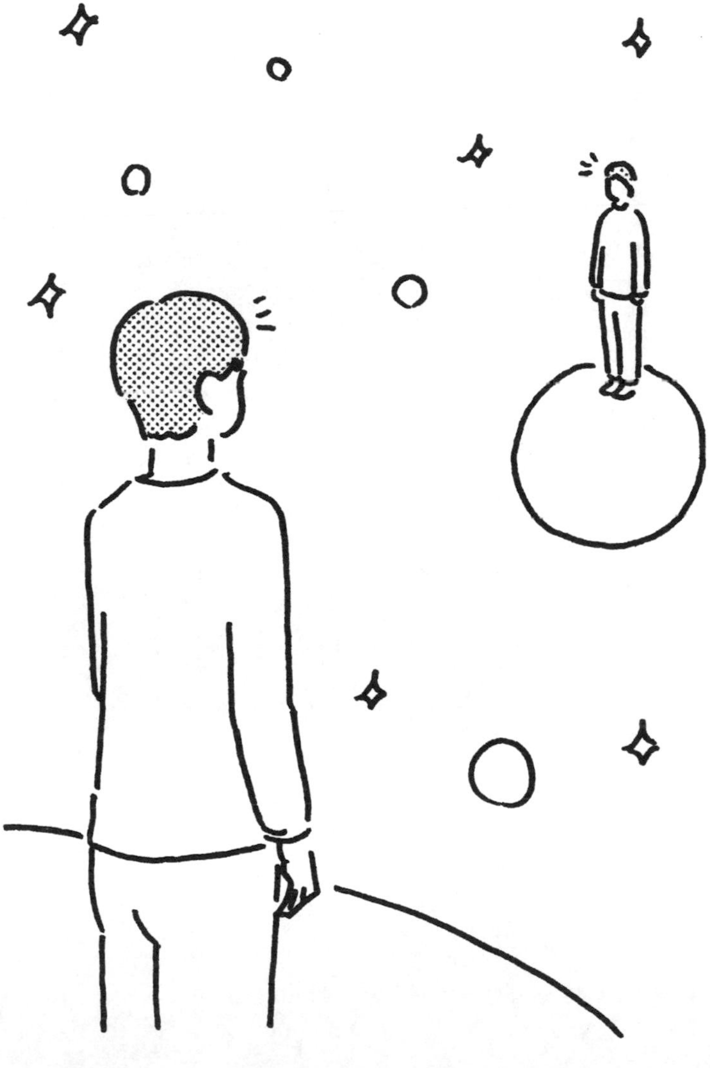

思考1 以抵達火星的阿滿角度來思考的話？

站上藍色圓圈的阿滿，在承辦人員按下開關後，就被送往火星去了。

阿滿走出傳送裝置，陌生寬廣的街道在他的眼前開展，在遠方還能看到地球的身影。看來，這裡應該真的是火星。

這時，阿滿萌生一個想法。

「確實被傳送到這裡了呢。什麼啊，果然一點變化都沒有。我也還是我。那倒也是啦！如果有問題的話，就不會有那麼多人使用這個設備了吧！」

於是，對於傳送裝置的恐懼和疑慮都煙消雲散的阿滿，展開了一趟快樂的火星旅行。即使回程時還要使用傳送裝置，但對阿滿而言那已經只是單純的移動手段了，對它曾抱持的憂慮已經成為過去。如此一來，傳送裝置對於阿滿來說，也只不過是個可以直接把自己送到火星的交通工具罷了。

思考2 原來的阿滿到哪裡去了呢？

為了傳送就必須先經過分解，就確定的事實而言，阿滿的確被分解了。所以也能認為在那個瞬間，阿滿確實曾一度從這個世界上消失。回想當時，他被不可思議的光芒給包圍，等到反應過來後就已經抵達火星了。一度消失的阿滿，在火星再次被重新組合起來，這樣一來，是不是能認為原本的阿滿已經不存在了呢？

如果把原本的阿滿和火星的阿滿分開思考，就相當清楚了。先討論原本的阿滿，他的生命在傳送的瞬間已經消失。而火星的阿滿則是在某一瞬間突然有誕生的生命體，會這麼思考也是相當自然的事。如果承辦人員操作機器失當的話，也許會產生2個、3個阿滿也說不定呢。如果是這樣的情況，究竟哪個阿滿才是原來的阿滿呢？

因此，感覺上考量原本的阿滿已經消失了，才是比較合乎邏輯的吧。

你的思考比較接近哪一邊的答案呢？

這個問題其實沒有明確的答案，請大家以自身的思維進行邏輯判斷，在大腦中進行梳理之後，再匯集成自己的意見吧。

思考實驗 2

那個機率所表示的是什麼呢？

出色的檢驗

在某個國家，一種令國民陷入恐慌、名為X病的疾病正蔓延著。這種病的發病機率為10萬人之中出現1人，原因不明。若發現時為時已晚，幾乎就確定最後會死亡，致死率可說是高達百分之百。兩年前曾有一位名人因為這個病而過世，因此讓它廣為人知，也讓人們對此湧現了高度的關注，可以說是人人聞之色變。

然而，只要能在早期發現這個疾病的話，就有接近百分之分的痊癒機率。也就是說，早期發現，便能早期治療。

某一天，這個國家發生了一個驚天動地的大新聞。

「可以早期發現X病的藥物已被發明出來了。如果讓罹患X病的患者服用該藥物，

X病檢查

罹患X病的人
接受檢查

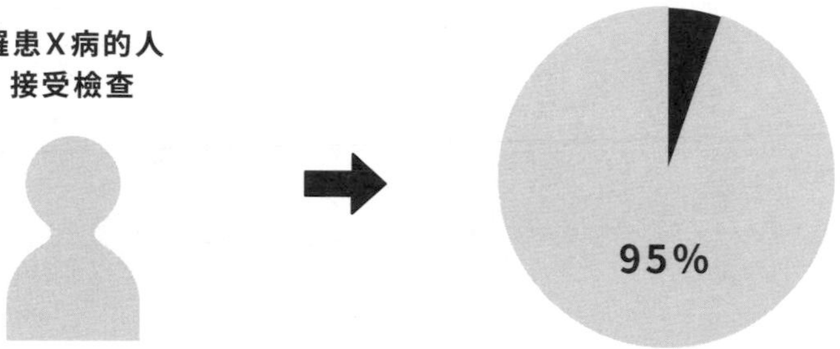

95%的機率
會檢測出陽性反應

在早期發現陽性反應的機率高達95%。而且檢查也相當簡單，只要採用血液檢查，隨時都能進行檢測。另一方面，沒有罹患X病的人們服用該藥物，有0.1%機率會出現陽性反應，但是機率很低，所以並無大礙。如此一來，X病幾乎可以說是能被完全治癒了！」

看到這則新聞的花子小姐，在接受健康檢查時在「X病檢驗」意願欄上打了勾。其實她沒有任何症狀，也沒有X病初期症狀會出現的頭痛、走路搖搖晃晃等狀況。

不過，還有另一個很常見的疾病，只要接受這種檢查便能一併進行檢測，所以她就在欄位上勾選了。

1週之後，花子小姐得知了讓人訝異的健檢結果。她在X病檢查項目呈現陽性。其他的檢查數據報告都在正常範圍內，而且她的身體狀況是健康的，花子小姐本人看起來也很有活力。在聽到這個結果後，花子小姐瞬間感到一陣天昏地暗。

X病的治療費用相當昂貴，而且也必須對隨之而來的副作用有所覺悟。因為必須住院，所以工作也不得不請假。但更嚴重的是恐懼、陷入低潮，食欲不振，花子和不久之前朝氣勃勃的樣貌簡直判若兩人。

「如果再晚一點發現會怎麼樣呢……因為準確率高達95％，代表我至少有95％的機率確實罹患X病。唉呀，我看自己不可能是剩下的那5％啦，我不敢再接受後續的精密檢查了！」

花子小姐的父親聽聞此事，說道：

「花子，就算是健康的人，也有可能呈現陽性反應。所以不經過精密檢查是不能確定的吧！」

「正常人會出現陽性反應的機率只有0．1％耶，也就是說每1000次只會現1次。這樣的機率可以信賴嗎?和95％比起來，實在太低了！」

花子小姐越想越覺得沮喪。

那麼，現在讓我們一起來想想是不是哪邊有誤呢？花子小姐罹患X病的機率到底有多少呢？

真的就如花子小姐所想的那樣，「花子小姐有95％的機率罹患X病」嗎？總覺得應該更少一些才對吧。

思考1——試著匯整情報

若是接受了精密檢查，最後檢測出陽性反應的話，認為自己一定罹患了X病，這也並非不合情理。

如果花子小姐的想法正確的話，那麼花子小姐確實罹患X病的機率也相當地高。

花子小姐接受了「X病的患者檢查後有95％的機率會呈現陽性反應」的檢測，然後得到了陽性的結果。這個和花子小姐所想的「出現陽性反應的人，得到X病的可能性為95％」是同樣的一件事嗎？

讓我們把以上資訊再好好地整理一下吧！

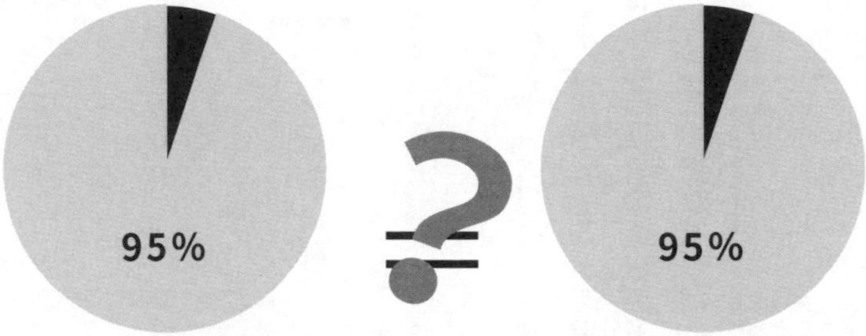

有95%的機率檢測出陽性反應

檢測出陽性反應的有95%的機率罹患X病

95%這個數字到底代表了什麼呢？

這是「接受檢查的人在罹患X病的情況下，於95%的精確度範圍內發現確診、檢測為陽性反應」的數字。並非「因檢查出現陽性反應的花子小姐罹患X病的機率」

會出現陽性反應有以下兩種情況。

・罹患X病的人接受檢查時，其中95%的人。

・並非罹患X病的人們接受檢查時，其中0・1%的人。

沒罹患X病的人接受檢查，誤判為陽性的可能性只有0・1%，感覺不會太過於思索過多。不過，果真如此嗎？

再者，花子對於95%這個數字相當地敏感，但考量到是原本沒有X病的人接受檢查的情況，其實這個數字沒有任何意義。

當然，如果是那剩餘的5%就好了，但花子的期待完全落空。

這個「5%」表示的數字，是不管是否罹患X病，在檢查後呈現陰性的機率。應該沒有人會希望自己在這5%裡面吧！

花子該做的，並非是被95%和5%這種數字所迷惑，而是應該先冷靜下來想想，了解自己到底有多少機率是罹患X病。

思考2 改變數字規模看看

在思考像這個題目一樣難理解的機率問題時，若是將規模極度放大或縮小後再去評估，這樣往往會變得比較容易思考。這次必須列入評估的是「0．1%」或「每10萬人有1人」這種相當小的數字，所以現在讓我們試著放大規模來看看。

我們先假設以隨機方式，從該國居民裡選出200萬人來接受X病的檢查。接下來，假設可以如機率數字那樣從中找出X病患者以及被誤判罹患X病的健康居民。

10萬人當中有1人可能罹患X病，如果調查200萬人，有20人為X病。在這之中的5%，也就是約有1人，即使罹患X病，檢查結果還是會呈現陰性（陽性為19人）。

接著，我們來計算誤判為陽性反應的人。因為會有0．1%的誤判情況發生，若依機率來看，每1000人之中大約出現1人。如果有200萬人接受檢查的話，健康的人當中（199萬9980人），約有2000人會呈現陽性反應。

就算只有0．1%，也有2000人會出現陽性反應，這或許會讓各位感到驚訝。在考量這個問題時，和直覺有所差異的部分，也就是在X病檢查中呈現陽性反應的人，比起真的罹患X病的人，身體健康的其實還要更多。

花子小姐，究竟是真的罹患X病，在X病檢查中呈現陽性反應的19人當中的1人，亦或根本沒有染病，卻同為陽性的2000人當中的1人呢？

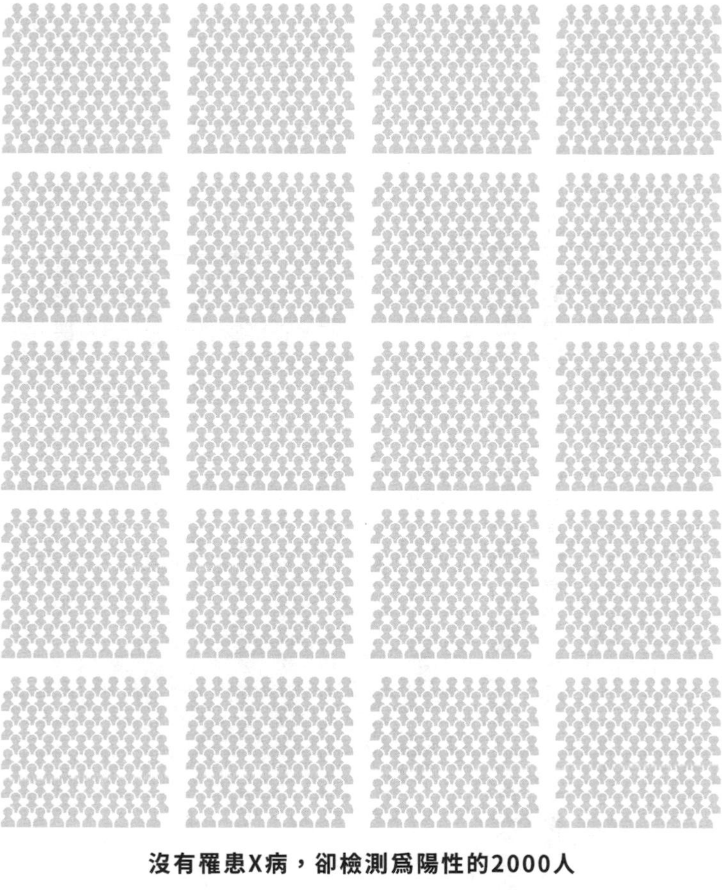

沒有罹患X病，卻檢測爲陽性的2000人

罹患X病，檢測爲陽性的19人

思考3 計算各自的機率

花子小姐在X病檢查中呈現陽性。計算花子小姐真的罹患X病的機率時，可知為2019分之19，約為0．9％。剩下的99．1％，代表雖然是健康的，卻呈現X病陽性反應的機率。也就是說，花子小姐在檢查後呈現陽性反應，讓原本X病的機率10萬分之1（0．001％）上升至0．9％。數字確實是大幅攀升，但是這和花子小姐一開始所認定的95％，還是存在著相當程度的差距。

這麼一想，如果能正確地理解這個事實，雖說呈現陽性反應，而且也沒有什麼異狀、感覺還是很健康的花子小姐，其實不必那麼沮喪。

圍繞在我們周遭的數字，會超出想像地讓我們感到困惑，也會出現誤解。另一方面，如果能正確地理解、運用的話，數字就會具備高度的說服力，成為值得令人信賴的判斷基準。如果希望讓數字成為我們的夥伴，就必須從平時多多培養自己對數字的敏銳度。

思考實驗 3

為什麼無法作出簡單的選擇呢？

喜歡的腳踏車

夏實的男朋友悠仁是個習慣依邏輯行事的人。

某一天，因為悠仁說要買腳踏車，準備到店裡去一趟，於是夏實就跟著去了。

「這3台哪台好呢？」

「紅色腳踏車、黑色腳踏車、還有藍色腳踏車對吧。那麼，如果紅色腳踏車和黑色腳踏車選一個，你喜歡哪個？」

「黑色腳踏車好了。」

「好。那麼，黑色腳踏車和藍色腳踏車的話要選哪一個？」

「那就選藍色腳踏車吧。」

「這樣啊！那就簡單多了。在這3台腳踏車中，你覺得藍色比較好吧。那就買藍色腳踏車吧。」

最喜歡的腳踏車是哪一台？

藍色腳踏車

>

黑色腳踏車

>

紅色腳踏車

夏實心想，能馬上決定真是太好了，於是她指了指藍色腳踏車，把店員找了過來。

「不，不對。」

「咦，怎麼啦？因為紅黑相比你選了黑色，和黑色相比你又選了藍色。」

「是這樣沒錯。可是比起藍色腳踏車，紅色腳踏車更棒呢。」

「咦，我不太懂你的意思。」

「我是說，和紅色腳踏車相比，我會選黑色腳踏車，但是和黑色腳踏車相比，我會選藍色腳踏車，再拿藍色腳踏車來相比，我會覺得紅色腳踏車更好。妳看，妳自己在挑飲料的時候也是這樣選的吧。」

「咦，我有這樣選嗎？」

——這樣的情況看來很合理嗎？

思考1 簡單的選擇是哪個？

如果拿紅色腳踏車和藍色腳踏車比較，最後選擇藍色腳踏車的話，整個過程就一點都不奇怪了吧。

比起A，會選擇B；和B相比，會選擇C，就結果而言，和A相比，C這個選項會更好。

思考2　悠仁是如何進行比較的呢？

如果比較紅色腳踏車和藍色腳踏車，最後又選擇紅色的話，就會出現讓夏實無法理解的矛盾。

比起A，B比較好；和B比起來，C比較好；與C相比，A比較好。悠仁是以邏輯來判斷事物的性格，並非是靠直覺來決定。比較紅色腳踏車和黑色腳踏車時，判斷黑色腳踏車的確比較好。比較黑色腳踏車和藍色腳踏車時，也明確地判斷藍色腳踏車比較好。

這個結論果真是不合理的嗎？

思考3　尋找悠仁的判斷標準

事實上，要找出這樣的例子意外地簡單。

舉例來說，我們先以「以性能決定」來作為判斷基準。也就是說，和紅色腳踏車比起來，黑色腳踏車的性能比較好，和黑色腳踏車比起來，藍色腳踏車的性能比較好。就結果而言，最好的腳踏車就是藍色腳踏車。然而，悠仁不怎麼喜歡高價的腳踏車。一般而言，性能更好的話，價格就會連帶上升。因此，悠仁決定採用以下的原則。

價差高達5萬日圓以上時，就選擇喜歡顏色的腳踏車。

藍色腳踏車比紅色腳踏車貴了5萬日圓以上，是高價的車款。也就是說，適用於前面這條原則。然後，比起藍色，悠仁又更喜歡紅色的腳踏車，在這種情況下又會如何呢？

以這個狀況來說，結論就是比起藍色腳踏車，紅色腳踏車還更好。因此像這樣將3台腳踏車分別兩台兩台比較後，就會陷入無限循環。

●如果以性能選擇？

紅色腳踏車　　黑色腳踏車

<

黑色腳踏車　　藍色腳踏車

<

●如果以顏色選擇？

紅色腳踏車　　藍色腳踏車

<

像這樣的無限循環選擇在日常生活中也常會發生對吧。再怎麼想用藉由邏輯思考來判斷，因而決定基準去進行選擇，都可能陷入類似這個腳踏車例子的那種難以選擇的情況。

這時，沒有任何理由，只靠直覺來選擇也是一種手段。我們的大腦中會根據截至目前為止的經驗，在無意識的狀況下進行判斷，而我們的意識也可說是自然而然地接受這些。因此，沒有任何理由就直接選擇，可說是下意識作出判斷的結果。

從這個角度來看，我們就這樣憑藉大腦的意思去決定事情，或許會是個不錯的點子也說不定呢。

日曆的法則

難易度★☆☆

請想像一下日曆的樣子。
「某一天」和上下左右的日期加起來等於55。
那這個「某一天」會是幾號呢？

答案　11號

假設某一天是A，那上面的日期就是7天前，而下面的日期就是7天後，左右則是1天前和1天後，接著將A－1和A＋1全部加起來：

A＋（A－7）＋（A＋7）＋（A－1）＋（A＋1）

↓

5A

根據以上算式，55÷5＝11，得出11號。

	A－7	
A－1	A	A＋1
	A＋7	

難易度★☆☆

找出文章的錯誤

在下列4段敘述中，出現錯誤描述的是哪一段呢？

（1） 日本第2高的山是山梨縣的北岳，日本第2大的湖是茨城縣到千葉縣的霞之浦。

（2） 九州和北海道相比，北海道的面積較為遼闊。

（3） 9月31日下午10點半的4個半小時以後，是10月1日的凌晨2點半。

（4） 2月10號的3週後，是3月2號到3月3號。

答案

（3）

9月只有30天，沒有31號。

難易度★☆☆

天秤謎題

請看下圖，接著將黑桃、紅心、梅花、方塊等4種圖案，依重量依序從重排到輕。

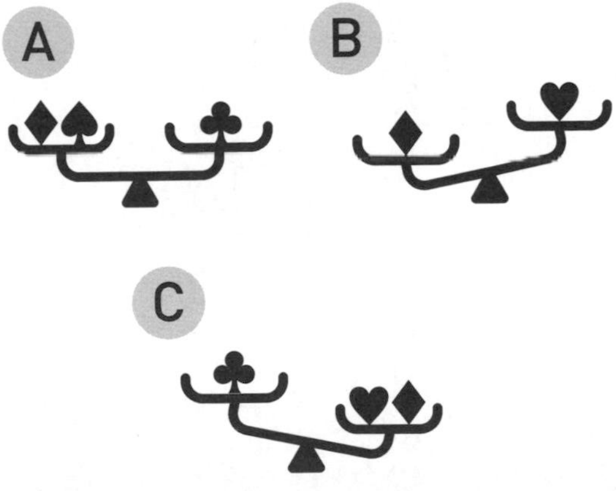

答案

由重到輕為梅花、方塊、紅心、黑桃。

觀察A天秤可發現方塊加上黑桃就與梅花形成平衡狀態。由此可知梅花比方塊和黑桃還來得重。接著再來看看C天秤，與梅花相比，這次放著方塊和紅心的秤盤比較重。將黑桃換成紅心後變重了，可知紅心比黑桃來得重。再透過A和C天秤，得知梅花又比其他3種來得重。

最後看看B天秤，可知方塊比紅心來得重，因此4個圖形的重量，由重排到輕的順序就是梅花、方塊、紅心、黑桃。

垂直思考課程 2 Lesson for vertical thinking

順序猜謎

難易度★☆☆

櫻、美優、雫和沙耶香4個人在卡拉OK唱歌，以機器評分一較高下。她們正在討論比賽結果，請猜猜看她們4人的成績排名。

櫻：「我原本想贏過美優的，可惜無法如願以償啊！」

美優：「櫻和雫的分數差距最大呢！」

雫：「真好玩！」

沙耶香：「我比一半的人分數還低啊！」

答案

名次依序是雫、美優、沙耶香、櫻。

從美優的敘述判斷，櫻和雫分別是第1名或第4名。
從櫻的敘述判斷，櫻不是第1名，所以雫是第1名，第4名是櫻。
因為沙耶香的成績比一半的人還差，所以是第3名，最後剩下的美優就是第2名了。

第 2 章

重新檢視論點

改變重點的話，就能發現不同的事物

當思考的重點改變時，大家所看見的結論也會改變。在第2章的部分，我們要用這個主題來進行思考。

這裡就先舉個例子，某家店內發生了「營業額無法增加，如何才能讓顧客的消費單價變高呢？」這個問題，請大家一起來思考看看。

在進行問題點的篩選時，如果可以得知翻桌率為何如此低、營業額為何無法提高的理由時，思考的重點就從「提高顧客消費單價」切換到「提升翻桌率」。

就像這樣，只要論點的重點有所變化，思考也會隨之改變，問題本身也會有不同的觀點產生。

這個章節中會有以下3種思考實驗登場。

在「射出去的箭停下來了」這個單元，可考量發射的箭和時間之間的關係。朝著標靶飛去的箭，應該是處於前進中的狀態，那為何會說它「停止了」呢？當視角改變之後，或許就能夠尋得解決的對策。

在「突擊檢查」這個單元，店長和打工的店員以邏輯思考推導出的正確解答竟然被直接推翻。為什麼會變成這樣呢？只要想法能夠改變，理解力也能更上層樓吧！

在「生日的悖論」這個單元，會面臨到直覺與現實之間的差別。不需經過細微的計算和實驗也能大致掌握狀況，人類是擁有這種猜測能力的。孕育出這種能力的，就是過去所累積下來的經驗，這種經驗成為直覺，給予我們大致的指示基準。然後，當直覺脫離現實時，就會產生不可思議的感覺。「生日的悖論」就是考量到直覺和現實之間差距的問題。

為了重新檢視論點，具備發現問題的能力是相當重要的。因為如果不能發掘新的問題或疑問，就無法找到可以重新審視的素材。接下來就敬請期待本章為大家所準備的3種可鍛鍊寬廣視野思考力的思考實驗吧！

那麼，就請大家立刻翻開下一頁。

思考實驗 4

問題的核心在哪裡呢？

射出去的箭停止了

在某個弓道場內，有個射手正在射箭。他射出的箭以猛烈的速度飛射出去，命中了前方70公尺處的標靶紅心。

「噢噢噢！」

現場滿堂喝采，歡呼聲四起。這時有個奇怪的男人出現了，還說了以下這段話。

「如果我說這支箭事實上是停止的，各位怎麼看呢？」

這人怎麼突然說了不著邊際的話，周遭

的人都盯著這個男人。即使如此，男人還是繼續說了下去。

「現在我就告訴各位箭為什麼是停止的，說到這，先問大家，我可以提出相反的意見吧！」

眼前的男人以不疾不徐的語氣說道。

首先，射手把手中的箭射了出去。

試想直到命中位於70公尺處標靶的這段軌跡，從某一瞬間到另一瞬間為止，這支箭移動了多少距離呢？

考量到過程中的飛行時間相當地短，箭其實只前進了一點點。這是理所當然的事對吧。

那麼，請各位繼續聽下去。

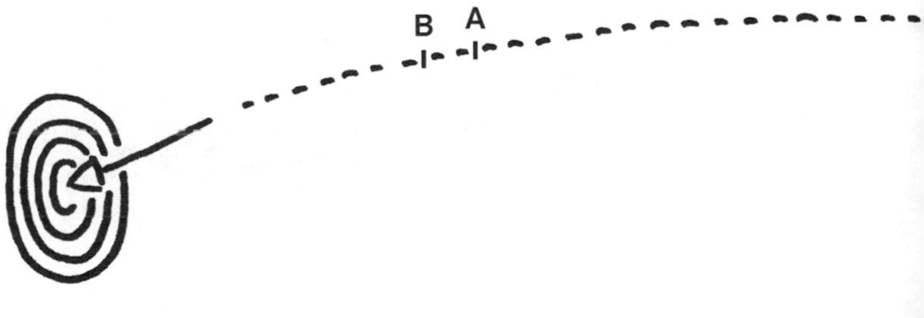

一定時間內的弓箭動態。
整體來說，箭的移動距離有 70 公尺。
不過，從 A 到 B 這段其實只移動了很短的距離。

現在把時間稍微分段來看看。

如何？只要像這張圖一樣把某個細微部分拆出來觀察，就會覺得更難分辨出差別在哪裡了吧。即便如此，如果再看得更仔細點，又會變得如何呢？

箭到底有沒有在移動，變得更難理解了。

接著，從某一瞬間到另一瞬間為止，把弓箭在一動也不動之前的時間段擷取出來，也就是把這段無限次劃分到極細微的程度的話，不論哪一段時間的弓箭都是處於靜止狀態。

即使是稍微有移動的部分，也因為觀察的部分變得更加細微的關係，所以弓箭必定為停止狀態。

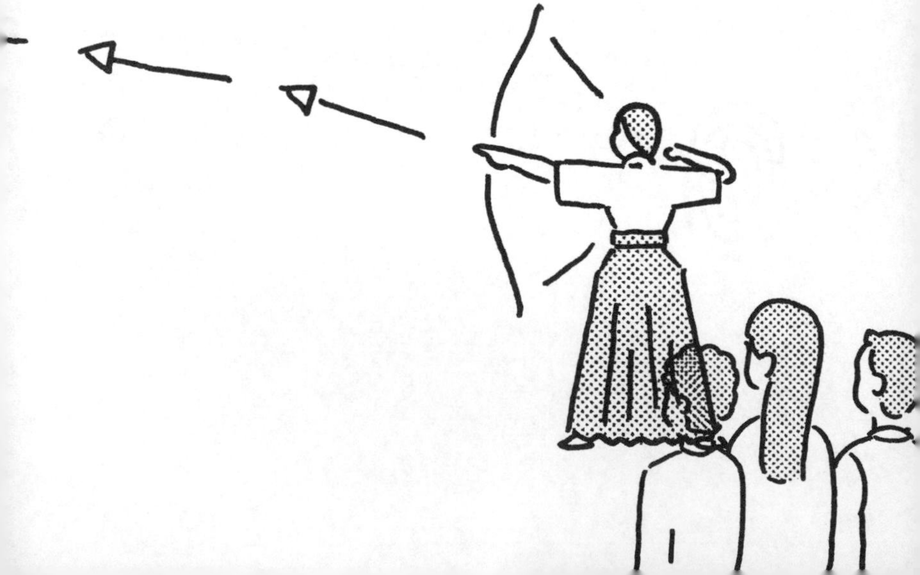

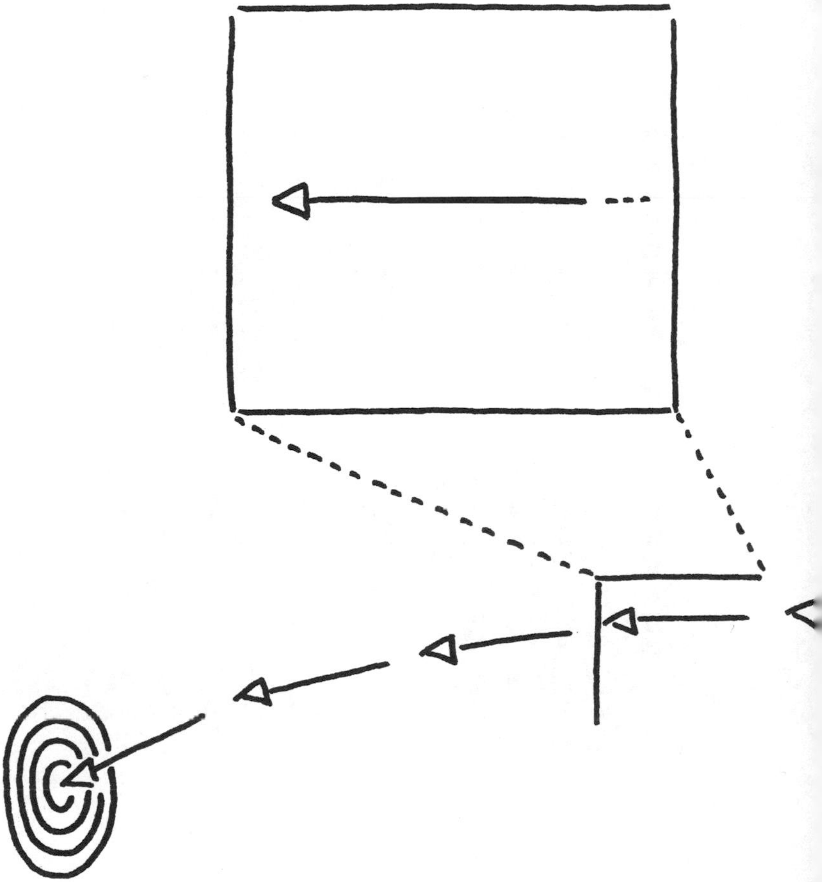

即使只有極少的時間，弓箭也還是在移動。
不過，如果分割得更細後再進行觀察，就知道移動的程度是很細微的。

問題就在這裡。以瞬間來看，就會知道弓箭處於靜止狀態。就如同照片一樣，弓箭是靜止的。

接下來，讓我們換個方式思考。如果將靜止的物體以放大100倍的時間來看，會變得如何呢？一直盯著靜止的物體，它們也不會自己動起來吧！

將某個瞬間看起來處在靜止狀態的弓箭以放大1萬倍、1億倍的時間來看，不會動的弓箭始終不會動。也就是說，射手射出去的箭是處於靜止狀態的。

對於這個說法，如果要提出「弓箭正在移動」的反駁意見，需要藉由什麼樣的思考方式來讓它成立呢？

讓我們略過使用難懂複雜的計算公式，動動大腦想想就好。

在場的眾人只是靜靜地聽著旁邊圍觀著，也不知道要怎麼做才好。的確，弓箭命中標靶的過程，就如同這個古怪男人所說的那樣。

「實際上弓箭的確正中鏢靶啊……那麼要如何反駁這個男人的論點呢？」

思考1 無論區分得再怎麼細微，還是有緩緩地移動

弓箭一直在移動是理所當然的事實。就實際面來說，弓箭呈現飛射狀態，所以這點毋庸置疑。不管時間如何被切割，弓箭的確還是一點、一點地在移動著，因此會讓人想直接回答「無論切割得再怎麼細碎都還是在動」。

然而，這個問題的前提，在於無限切割時間這一點，如果稍有移動時，就再度進行切割，這是可以永遠持續下去的。

因此，「無論切割得再怎麼細碎都還是在動」這樣的想法，就會得到對方「那麼再分割得更細來觀察吧」這樣的回應。

當然，實際上弓箭命中了位在70公尺處的標靶，所以並不會是靜止的狀態，不過目前似乎不能把思考的重點放在這裡。

思考2 時間可以無限分割這件事無法持續一輩子

如果要舉出人們花上一輩子也無法完成的事，這樣的事例其實還真有不少。舉例來說，聞名世界的聖家堂，建造工程始於1882年，預計於2026年完工。就算是全世界最長壽的人，也無法經歷從開工到完工為止的所有過程。

「不管是乍看之下欠缺斟酌、還是無論如何努力也無法實現，這些論述都只是藉口罷了。」這個奇怪的男子說道。

「這種事情根本不可能。」這個回答觀點其實是相當可惜的思考方式。如果要讓這個奇異的男子接受，感覺還必須多下些功夫才行。

思考3 實際上弓箭有在移動。也就是說，前提的部分出現了錯誤

如果能留意到這個觀點，那麼距離目標也不遠了。弓箭是靜止的，這件事顯然是有誤的，如此一來，可知道前提條件的某個部分確實有不對的地方。問題是，前提條件裡不對勁的地方到底在哪裡。

這裡先聚焦於「因為弓箭命中標靶，所以弓箭靜止不動之事是錯誤的」這個部分，不過話題好像又回到原點了。奇怪的男人表示：「那麼，我的論點哪裡有誤呢？請你說明看看。」

現在就讓我們來找尋可能有錯誤的地方。

- 時間可以進行無限分割是正確的嗎？
- 弓箭靜止是真的嗎？

・拉長1萬倍、1億倍也不會動是真的嗎？

反駁時可使用的素材有以上這3點。讓我們一個一個來檢視。

・時間可以進行無限分割是正確的嗎？

無限分割時間，這件事真的可能做到嗎？畢竟時間這個存在還尚未完全被人類揭開謎底，所以即便只是動腦思考，都是個困難的問題。

・弓箭靜止是真的嗎？

這是明顯的錯誤，假設時間可以無限分割，在這個前提下，那弓箭就是靜止的吧。

然而，時間是無法任意切割取用的。如果可以解釋這個不對勁的感覺，也許就能提出反論。

如果有支靜止的弓箭，那麼拉長1萬倍、1億倍，它還是不會動。就這樣擺在那邊、處在靜止狀態的弓箭，沒有人去觸碰、沒有風吹動，結果它竟然自己動起來的話，這個情況帶給人的震驚度大概不下於奇怪男人的論述吧。

討論到這裡已經相當接近核心了，只剩下一步而已。

思考4 射手射出的箭，是完全靜止的狀態嗎？

這恐怕就是破解這個問題的核心觀點吧！

如果反問「射手射出的箭是完全靜止的，這是怎麼一回事呢？」，那麼這個奇怪的男人應該會嚇一跳。

請不必想得過於困難，先請大家想像一下射手射出的箭處於完全靜止的狀態。不只是箭，如果能想像整個會場的狀況，也許會更加容易。

「射手射出的箭完全靜止」這件事，可以想像整個會場將一片肅靜，沒有半點動靜。

也就是處於時間停止的狀態，不是嗎？

如果可以將時間無限進行分割，不光只有弓箭，就連時間也會停止。當弓箭處在完全靜止的狀態時，時間應該也會停滯不動。

也就是說，只要說明「弓箭處在完全靜止的狀態時，時間也會停止，將時間暫停，來看看弓箭吧！你看，弓箭是停止的。」就可以了。就像是看DVD時，途中按下停止鍵的狀態。確實不管經過多久的時間，弓箭都不會射中標靶。除非再度起動，弓箭才能繼續朝標靶飛去。

將飛行中的弓箭軌跡依時間一部分一部分地擷取下來，就會像圖片那樣呈現靜止狀態。畫面裡的弓箭如果會動的話，那才是大問題呢！

思考實驗 5

這個矛盾你怎麼看呢？

突擊檢查

日本料理連鎖店ＳＩＫＯＵ，為避免細菌和黴菌增生引起食物中毒，每年6月、7月時，都會針對環境衛生進行突擊檢查。總部在通知實施此檢查時，通常都只會告知是在6月或7月實施。

＝＝＝＝＝＝＝＝＝＝＝＝＝＝＝＝＝＝＝＝＝＝＝＝＝＝

夏日衛生管理檢查通知

今年夏天也將實施衛生管理檢查。

日本料理連鎖店ＳＩＫＯＵ柏分店的衛生管理檢查

將於6月進行，衛生管理檢查是以突擊檢查之方式進行。
由於會在各位無法確定就是這一天的日子進行，
所以請務必在平時就妥善維護環境衛生。

日本料理連鎖店ＳＩＫＯＵ總部

＝＝＝＝＝＝＝＝＝＝＝＝＝＝＝＝＝＝＝＝＝＝＝＝

「今年又來到這個季節啦。」

店長愁容滿面，日本料理連鎖店ＳＩＫＯＵ的衛生管理檢查相當地嚴格，而且前來檢查的總部人員看起來總是高高在上，就連感覺不必要的地方都會進行全面檢查，雖然原本就一直在確保環境整潔，不過還是讓人不禁想像肯定會被雞蛋裡挑骨頭，實在心煩。

「真傷腦筋，往年總是在這個時期委託業者來清潔，結果今年他們很忙。時間只能排在6月29號。」

「那麼，大概來不及吧。」

工讀生河田這麼說道。

「如果檢查是30號的話就好了……」

店長大大地嘆了一口氣。

「如果是30號就最好不過了，因為就是業者來打掃的隔天，定在30號，因為也確定會在那天進行突擊檢查了，所以心理上也能作好萬全準備。」

因為河田的這段話，讓店長似是想到了什麼。

「哎呀，應該不對吧。」

「咦，為什麼呢？檢查是6月的某一天，也許就是30號不是嗎？」

「通知寫著『會在各位無法確定就是這一天的日子進行』，如果真是30號，就會像你剛剛說的『因為也確定會在那天進行突擊檢查了』，所以不可能是30號吧！」

「啊！對耶，確實是這樣呢。」

河田點了點頭，繼續說道：

「那麼，不管時間再怎麼晚，最晚也是29號吧。照通知上的說法，突擊檢查不是29號就是30號，不過到底是哪天就不知道了。到時候總部的人就會前來進行檢查。」

「不，也不可能啊。」

「咦，因為通知上寫著『會在各位無法確定就是這一天的日子進行』，所以29號可能會來，也可能是30號」

「因為剛才不是說30號不可能嗎？如果30號不可能，又遲至29號的話，這一天絕對是突擊檢查日。」

「原來如此，真不愧是店長！欸，不過，如果真是29號的話，大家絕對都知道這一天是突擊檢查日，總部的人絕對不會挑這天來吧。」

店長露齒而笑。

「我現在也正想著這件事呢，這是總部的失誤哦。也不可能是29號！河田，今天是6月幾號呢？」

河田一邊翻閱著日曆、一邊說道：

「今天是8號。」

「6月的突擊檢查是從9號開始到28號為止，慢著！等一下，28號有可能嗎？」

店長再次思考。

「如果那一天就是28號的話呢？」

「對啦！這一天就是突擊檢查日！因為29號和30號都不可能的話，總部的人一定會在這一天急急忙忙地趕來。」

「不，不對！」

店長帶著確定的態度否定了河田的這番話。

「咦，怎麼說呢？不是已經確定29號和30號都不可能了嗎？」
「所以啊，如果是28號的話，不也能確定是這一天了嗎？所以總部的人這天也不會來的。」
「啊！原來如此，店長，那麼最晚可能是27號為止吧！」
「不，27號也不可能！」
店長似乎已掌握訣竅，
「咦，27號也不可能嗎？」
「同理可證啊，河田，如果最晚是27號那天，你覺得突擊檢查是什麼時候呢？」
「那，當然是27號那天囉！因為28號、29號、30號都不可能了！」
「這樣大家就會確定是27號了。」
「啊！是這樣啊，因為能確定是這一天。所以還是無法進行突擊檢查呢！那就是二十六號為止吧！」
到了這裡，河田總算發現有些不對勁。

「店長，這樣的話……」

「對啊，照這個邏輯一直持續下去，不管是25號、24號、23號，全部都不成立啊，當然包含今天的8號在內也全都不行。」

「真是敗給總部了，寫什麼『會在各位無法確定就是這一天的日子進行』，這樣真的很奇怪！」

「無法實施突擊檢查！這是完美的推理！我們實在太厲害了！」

「真不愧是店長！」

後來，在6月22號，總部派了調查員前來店裡實施檢查。

「今天要來實施夏季衛生管理例行檢查。」

「咦？不、太不合理了吧！我們沒有聽說啊！」

無視看上去手忙腳亂，似乎招架不住的店長，調查員冷靜地說：

「總部應該有寄送6月進行檢查的通知信給你們吧？」

「不過，照那個內容看來，應該沒有一天可以進行突擊檢查啊！」

「我不太明白您的意思……那麼，我要開始進行衛生管理例行檢查了。」

6月22號的突擊檢查，真如店長所說是不可能的事嗎？還是店長的思考出現了什麼誤解呢？

思考1　如果調查員是在最後一天的6月30號前來

因為他們已經下了不會展開突擊檢查的結論，所以判定沒有人前來檢查。不過總部的調查員還是前來進行「夏季衛生管理例行檢查」。

無論是店長或是工讀生河田，都認為「不會展開突擊檢查」，即使到了6月30號，他們應該還是認為當天不會有人來突擊檢查。如此一來，在6月30日進行突擊檢查時，『會在各位無法確定就是這一天的日子進行』這句話就不是謊言了。

這就是悖論的有趣的地方。應該進行了正確推理的店長一夥，根據他們的結論判斷，結果真的被夏日衛生管理檢查給突擊了。

思考2 如果6月30號之前，調查員還是沒來呢？

那麼，讓我們來實際想想如果到了6月30號時會怎麼樣。的確，經過店長推理的結果，導出了沒有突擊檢查這個結論。不過，他們完全不在意突擊檢查這件事嗎？恐怕是經過以下的思考。

「突擊檢查是不是真的不會實施呢？如果是今天的話，昨天剛好請業者來進行清潔，真是幸運。不過反正今天也不會來吧！」

不論是否有作出「不會展開突擊檢查」的結論，但心裡應該還是會惦記著調查員或許會上門這件事。既然收到了「夏季衛生管理例行檢查」的通知，怎麼想都覺得不實施未免不合情理。

那麼，總部會在這一天派遣調查員前來實施檢查吧。

在這種情況下，不論是店長還是工讀生河田，根據推理的結果，他們思量著「不會展開突擊檢查。話雖如此，但是在今天上門的可能性還滿高的。」突擊檢查也許是今日、也許不是今日，在考量這些要素的同時，「會在各位無法確定就是這一天的日子進行」這句話就毫無疑問是可以成立的。

思考3 6月30號當天若接到延期的電話呢？

讓我們擴大想像力吧！

在6月30號那天下午，他們接到總部打來的電話。

「真是不好意思，關於6月的衛生管理檢查，因為我們這邊出了一些狀況，所以今天無法前去拜訪。檢查將改在7月上旬的某一天進行。」

誰也無法保證這樣的狀況不會發生，原本總部通知中提到的「6月的某一天實施」也可說是並非「絕對的」。這個情況不管是哪間店的店長，都會覺得可能發生。如此一來，不需經過像柏店店長和工讀生河田那樣的推理，到了6月30號當天，也能了解到並無違背「會在各位無法確定就是這一天的日子進行」這句話。

不過，這樣的想法也有現實的考量。也許大家會分為喜歡或不喜歡任意想像的兩派吧。即使不用像這樣擴大想像力，也可以用其他的思考模式來深化理解。

思考4 如果別家店到了6月30號再進行推理的話？

其他不像柏店店長那樣進行推理的店家，如果到6月30號都沒有被突擊檢查的話，情況又會如何呢？

「哈哈哈！他們寫『會在各位無法確定就是這一天的日子進行』，這個月只到今天為止，那就是今天了吧！」

工讀生福田回應說出前述想法的店長。

「真的呢！也就是說並不是今天吧？因為如果今天來檢查的話，那個通知就變成謊言了，這實在太遜了吧！」

「確實如此，搞不好會因為要嚴守這句話，所以今天也不會來了。」

就像這樣，即使推定為當天，在負責人員前來進行檢查之際，也會有「或許不會是今天」這樣的想法，也就是說，「會在各位無法確定就是這一天的日子進行」這句話並沒有錯誤。

思考5 如果別家店到了6月30號也沒有進行推理的話？

那麼，如果完全都不進行任何推理的話，情況又會如何呢？如果在6月30號時，認真地想著「今天是突擊檢查日」，事實就會變得如此。在這種情況下，店長們也不會知道今天要實施突擊檢查吧。

「今天要進行夏季衛生管理例行檢查。」

「6月30號了呢，的確是今天吧。」

「欸！不過，通知書上寫著『會在各位無法確定就是這一天的日子進行』，但我們已經知道是今天了……」

在該分店打工的中田說道：

「對呀！不過，因為這邊有記載『6月實施』，我想不會有問題。」

「對啊！的確是寫6月呢！那麼如果今天不實施的話，明天就是7月了，這樣就違反說6月實施的說法了。」

「正是如此。」

工讀生中田又說道：

「這個『6月實施』和『會在各位無法確定就是這一天的日子進行』，應該是選擇其中之一遵守吧！今天已經是最後一天了。」

「因為說是在6月實施，會進行突擊檢查是顯而易見的。然後今天是6月30號。不過，因為通知書上寫著『會在各位無法確定就是這一天的日子進行』，如果是今天的話，就會讓通知書變成謊言。就結果看來，現在看不到實施突擊檢查的證據、也看不到沒有實施的證據，不是嗎？也就是說，現在就是搞不清楚要相信『6月實施』還是『會在各位無法確定就是這一天的日子進行』的狀態呢。也就是說，因為不知道，就算今天實施也不會有什麼問題。今天確實有執行的話，應該也只有我們會知道。」

他們應該會一邊說明、一邊進行突擊檢查。

話說回來，告訴大家要實施「突擊」檢查，又表示是在「6月」時，矛盾就產生了。這是前提條件已有矛盾情形的思考。就柏店店長和工讀生河田的推理來看，進行邏輯思考後，發現6月的任何一天都無法進行突擊檢查。雖說如此，如果沒有實施，又會和「6月實施」這個訊息有所矛盾。

也就是說，「會在6月中各位無法確定就是這一天的日子進行」，這句話本身就是矛盾的通知。

然而，不論6月有沒有進行突擊檢查，如果有所矛盾的話，與其認為「不實施突擊檢查」，還不如判斷「6月某日大概會進行突擊檢查」會比較明智。

以上，我們從各種觀點來思考突擊檢查。這是相當繁瑣、令人感到麻煩的問題，如果各位是店長的話，無論會不會想太多，將一切都準備妥當應該就是進行最理想的選擇。

是6月嗎？還是7月呢？如果有告知的話，準備也比較容易。就總部的立場來說，如果確實傳達出去，各家分店就有將他店內打理乾淨的動機。對於雙方而言，先行傳達還是比較有利的。這就是為何要告知「突擊」的理由。

像柏店店長和工讀生河田這樣進行精彩的邏輯思考，也有助於大腦鍛練，也會讓他們的思考能夠朝更深層的地方邁進。

思考實驗 6

那個直覺是正確的嗎？

生日的悖論

在某個活動會場內，約有40個人聚集在一起。

擔任主持人的男性，在活動開始之前先來熱場，說了以下這段話。

「今天現場來了很多客人，非常感謝大家。我們現在還有一點時間，這邊想來個餘興節目，向各位分享有趣的悖論。

我們的現場聚集了40人，其中有兩個人的生日在同一天的機率是多少呢？」

主持人又繼續說道。

「如果不是40人，而是１００人時又是怎麼樣呢？然後要到達多少人，才會讓有同天生日的人的可能性超過50％呢？還有，機率要超過90％機率的話，又要有多少人呢？」

請針對這些問題思考看看。

- 40人當中有兩人同天生日的機率
- 100人當中有兩人同天生日的機率
- 兩人同天生日的機率超過50％時，最少需要多少人呢？
- 兩人同天生日的機率超過90％時，最少需要多少人呢？

這個問題之所以被稱為「悖論」，是因為直覺和實際的情況差異很大。

思考1 40人或100人當中，有相同生日的人存在的話？

問題是40人當中有兩人是同天生日的機率是多少呢？為了便於思考，對2月29號出生的人就容我先省略不討論，失禮了。也就是說，人們的生日有365天。僅僅40個人，大家會不會覺得裡面是同一天生日的人應該很少呢？雖然有100個人的話可能性就會提高，但是真的碰上有兩人是同一天出生，還是會讓人驚呼「喔喔！出現了！」，感受到強烈的偶然性。

在進行計算之前，我們再來思考2個問題吧。

思考2　出現同天生日的人機率若超過50%或90%的話？

要讓同一天生日的人若超過50%，感覺就需要很多人。不管怎麼說，一年可是有365天。舉個例子的話，就是5月25號出生的人有兩位。當然，這兩個人可能相遇，而且剛好都是5月25日生。然而，這個機率只有1／365。

而且要讓機率到達90%，因為已經進逼全部人數了，大約會需要500人。不，應該需要更多吧？

人類在憑直覺想像時，往往會脫離現實的狀況。這個問題被稱為「悖論」，是因為直覺和實際的數字有所差異的關係。

在此，我們來思考一下以下的例子。

思考3　40人在場的房間裡，在同一天生日的人機率只有10%嗎？

如果在一個有40人在場的房間裡，各位大概會想像出如上的機率吧。不過，這個數字並不正確，這種感覺恐怕都像是以下的情況。

這裡有40人集合在此。A小姐也是其中之一。這裡頭出現和A小姐同一天生日的人，機率有多少呢？

與剛才的問題不同的是，聚集在此的40人當中，出現一對相同生日的機率，和40人裡有人和成員之一的生日相同的機率，是一致的。

若是如此，就能推算出大致的感覺和確實無誤的機率吧。

這個機率要如何計算呢？

首先，A小姐和40人中的第1人生日一致的可能性只有1／365。因為有40人，粗略估算為40／365。以機率來看約在10％以上。

40人與機率

**40人裡，
其中至少有兩位以上
生日爲同一天的機率**

**40人裡，
和成員之一的A小姐
生日爲同一天的機率**

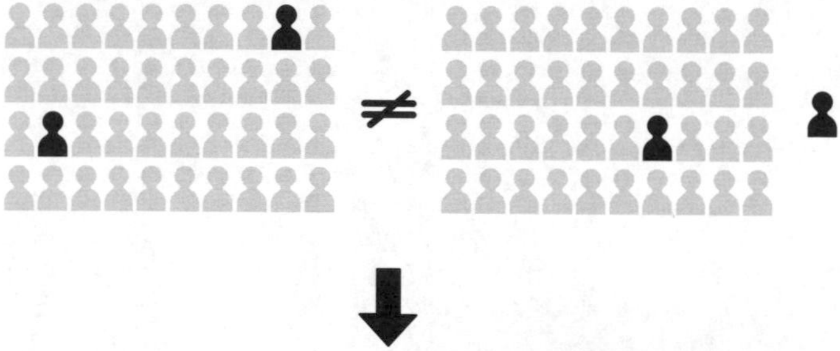

如果覺得是「10%左右」那麼就是如右例的機率所示

讓我們來實際計算看看。

與40人當中第1人的生日為同一天的機率為1／365。也就是說，不一致的機率為364／365（0．997…）。與第1人不一致，與第2人也不一致的機率為364X（364／365）／365。也就是0．994…。99%以上會不一致。照此計算下去，與40人不一致的機率為89．6…，一致的機率為10．4%。

幾乎和直覺相同。

現在，讓我們再回到問題來看。

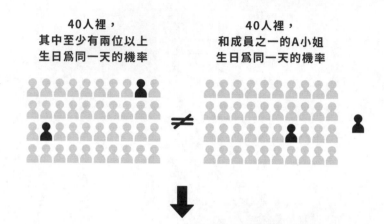

思考4

40人當中有兩人為同一天生日的機率為何？

關於這個問題，必須計算所有人都是不同的生日的機率。如果知道這一點，就能了解同一天生日的人的機率。

40人當中有任意兩人的生日不同的機率是364／365。第3人和剛才的兩位是不同生日的機率為363／365。第4人和剛才3位是不同生日的機率為362／365，像這樣持續進行40次。接著，調查同時發生的機率，便能查出40人當中沒有任何1對是同一天生日的機率。

將所有機率相乘起來可算出10．9％。40人聚集一堂，沒有任何人生日在同一天的機率為10．9％。也就是說，剩下的89．1％，就是有可能會在裡頭找到1對以上同天出生的人的機率，的確是相當高的機率呢！

40人當中的第4人
與剛才3位的生日
不同天的機率爲362/365

40人當中的第40人
和先前39位的生日
不同天的機率爲326/365

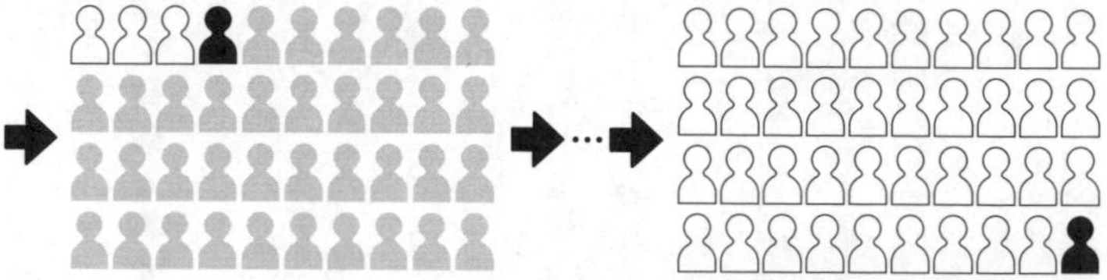

按此方法依序計算
第4人、第5人……

計算至第40人，如果這39人的狀態是如此的話，這40人的生日都不會重複。

40 人與機率

40人裡，
其中至少有兩位以上
生日爲同一天的機率

40人裡，
和成員之一的A小姐
生日爲同一天的機率

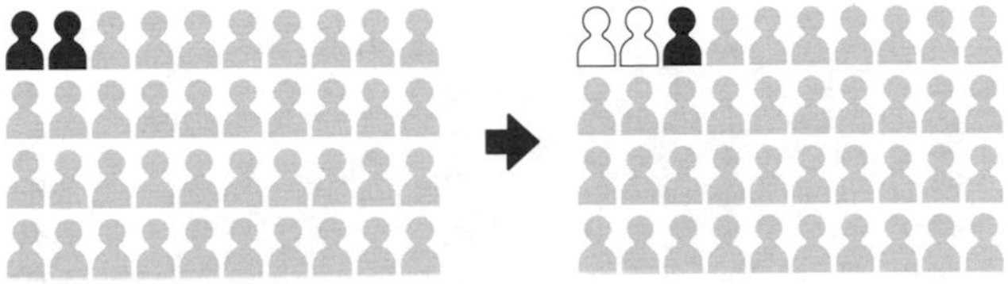

例如第1人爲3月24日，第2人爲7月7日。

例如第1人爲3月24日、第2人爲7月7日、第3人爲9月23日，如果第3人要和前面兩人不同天，只要不是第1人和第2人的生日那天就可以，因此機率爲363/365。

思考5 1000人當中有兩人的生日為同一天的機率為何？

因為40人當中只有89．1%，如各位所想像，結果接近百分之百。試著計算看看，可知如果有60人的話，約有99%的機率會有人在同一天誕生。

各位是否確實感受到直覺和實際計算結果不同的「悖論」呢？

思考6 兩人同一天生日的機率會超過50%嗎？

要超過50%的話，需要聚集多少人呢？因為在40人的時候也有將近9成，所以可用較少人數來達成是沒有問題的。

以剛才的計算方法計算後，發現在23人時，會首次超過50%。若能聚集23人，大概每兩次就會有一次出現同一天生日的人。

思考7 兩人同一天生日的機率會超過90%嗎？

答案已呼之欲出了呢。40人當中有89．1％，只差一點點。如果增加1到2人的話，機率就會達到90％。經過實際計算，當人數來到41人時，會首次突破90％。

思考8 房間內有365人，當A小姐加入後，同一天生日的人的機率為何？

A小姐進入有365人在內的房間時，大概會有很高的機率遇到同一天生日的人。當然，在這365人裡頭同一天生日的也會有好幾組，雖然沒有和各位同天生日的人也是有可能的，不過有的機率應該會相當大。

使用A小姐進入40人房間時機率的計算方法，可得知當A小姐進入365人的房間時，大概會有63％的機率出現和A小姐同一天生日的人。

和比直覺判斷相比或許還要少很多呢。

所謂的直覺就是能夠信賴的感覺、也可能是意想不到的靈光一現、有時也可能是根據經驗在瞬間導出結論的優越能力。然而從另一方面來說，**在瞬間推導出的部分，因為省略了細節的計算，往往會帶給我們和現實有所偏離的感覺。**

莫非現在的直覺和實際的情況是有差異的，這個觀點也許會讓你產生新的火花也說不定呢。

漢字夥伴區分謎題

難易度★☆☆

以下不屬於同一族群的漢字是哪一個呢？

末	由	毛
九	至	古

答案

末

除了末以外，每個漢字都可以加上「尸」這個部首。

末　尻

届　屋

尾　居

豪華客船之謎

難易度★★☆

某位男性攝影師為了製作攝影集，搭上了一艘豪華客船。在餐廳裡有兩對情侶看起來正在開心地用餐。他去了電影室後，發現有5位高齡長輩聊得很開心。於是，他移動到某個房間。

他調查那個房間裡5名乘客的職業，第1人為外科醫師、第2人為內科醫師、第3人為牙醫師、第4人為婦產科醫師。這艘豪華客船好像有提供能讓醫生感到開心的服務，而這個房間就是和該服務相關的房間。這麼說來，今天早上他也和1位眼科醫師擦身而過。

那麼，第5人的乘客的職業是什麼呢？

答案

攝影師

在該房間裡的5名乘客當然包括攝影師自己。

4個數字

請在以下6個□裡，從下方列表中的6個運算符號選出正確的填入，完成兩個算式。

7 □ 4 □ 2 □ 4 = 10

3 □ 6 □ 9 □ 8 = 10

列表

＋ ＋ － － × ÷

難易度★☆☆

答案

雖然在使用3、6、9、8的這個算式中，可以完成 $3\times6\div9+8=10$ 這個式子，但是把剩下的加號和兩個減號代入上排算式時，結果不等於10，所以這次以 $3+6+9-8$ 完成式子，便能得出答案。

7 [×] 4 [÷] 2 [−] 4 ＝ 10

3 [＋] 6 [＋] 9 [−] 8 ＝ 10

列表

[＋] [＋] [−] [−] [×] [÷]

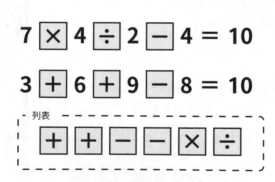

垂直思考課程4
Lesson for vertical thinking

赫克瑟姆

難易度★★☆

各個小蜂窩格以直向或斜向連結的合計總數全部是相同的。
空格內應填入的數字為何？

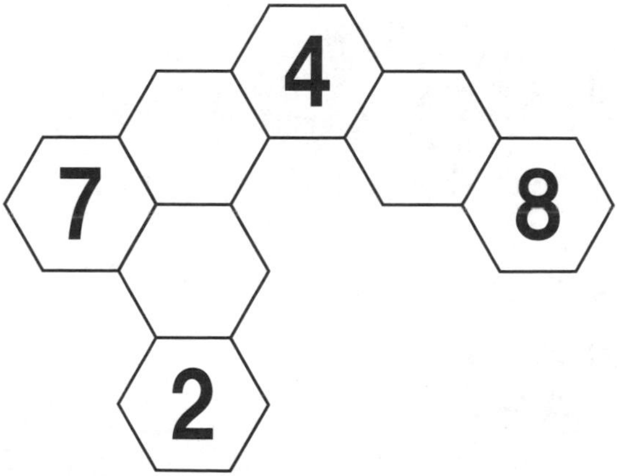

答案

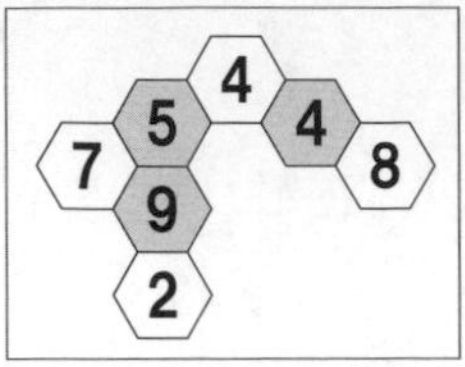

以粗線框住的兩個部分的合計數應為相同的，可如下圖所示計算，得知結果就是A＝5。

如此一來，從最左端往上斜向的3個蜂窩格，可得出各個相接的蜂窩格的合計數。也就是7＋A＋4　7＋5＋4＝16。

由此可得知要填入剩餘蜂窩格的數字。

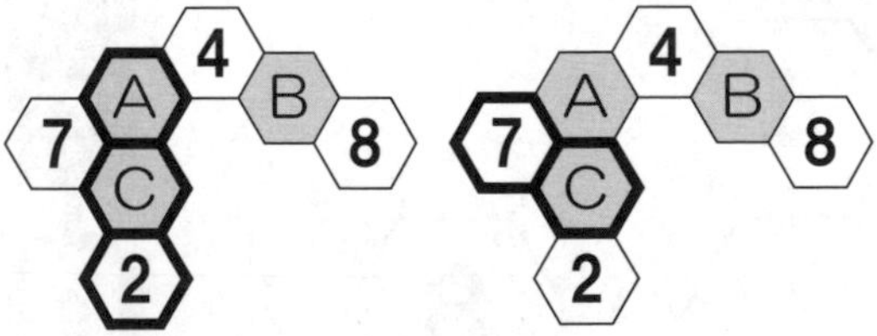

$$A + C + 2 = 7 + C$$
$$A + 2 = 7$$
$$A = 5$$

第 3 章

換個方向思考看看

從各種角度
養成思考的習慣

出現在我們眼前的大樓或山，會隨著觀看的角度改變它們的樣貌。朝著和現在所在位置不同的地方前去，映入眼簾的風景也會逐漸產生變化。我們所面對的問題也是相同的道理。**從不同的方向來思考的話，獲得的靈感和答案也會有所改變。**

在這個章節中，我們要以從各種角度發掘問題為主題，來進行分享。

從各種角度來審視問題是什麼樣的概念呢？

舉一個容易了解的例子，就像是思考對方會怎麼想，就是其中一種。人類應該是唯一會考量對方心情的生物吧。雖然無法完全理解對方的情緒，但是我們會活用從對方視角來思考這種高度技巧，從各種角度去衡量，制作符合顧客理想的商品、重視人們的需求、提供解決煩惱的服務。

「如果是〇〇的話，會怎麼想呢？」根據不同的人或不同的立場、不同的立基點、不同的設定去思索評估，讓思維擴大，擴展自己的想像力。

在這個章節，會針對思考實驗的問題，從各種視野來進行探討。

在「試管中的小雞」這個單元，會請問大家對小雞的想法。牠是生命還是物質呢？只要改變思索的方向，就能讓思考更進一步。

「忒修斯之船」是著名的思考實驗之一，當兩艘忒修斯之船出現在眼前時，「哪一艘才是真的呢？」本單元將以各種立場的人們的角度來思考。

作為日常生活中的例子，「二度觀賞的電影」這個單元，將用邏輯思考來探討同一部電影看兩次時的價值。

改變評價的重點，是擴展思考實驗的材料。

請各位把「從各式各樣的角度來思量看看」這件事先記在心中，然後開始閱讀本章吧！

思考實驗 7

失去的到底是什麼？

試管中的小雞

因為聽說有令人感到不可思議的簡短版紙話劇表演，春子正走在前往赤空公園的路上。

「好像已經開始了呢！不知道所謂的不可思議到底是在指什麼。」

「那麼，表演就要開始囉。這是只有4個場景的簡短版紙話劇，如果連標題頁也算進去，總共只有5張畫面哦！」

男子說完，就快速地將紙話劇取出，開始說起故事。

「保羅・魏斯的思考實驗，我們開始吧！」

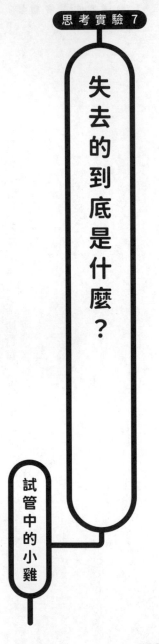

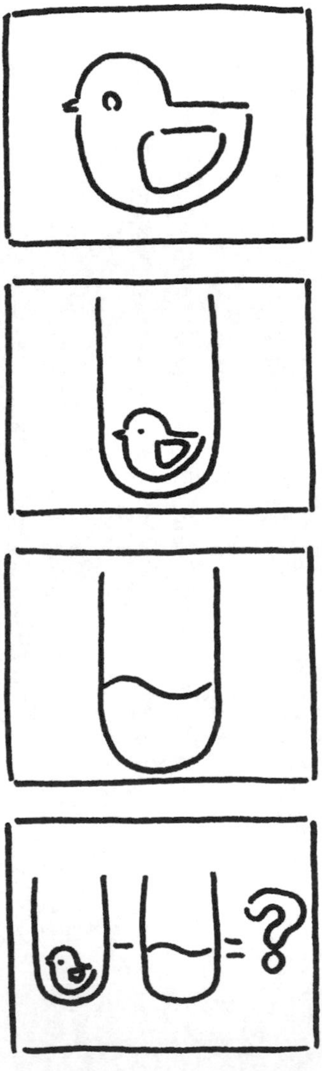

❶ ❷ ❸ ❹

❶ 這裡有1隻小雞。

❷ 這裡有支可以放得下1隻小雞的大型試管。

❸ 把這小雞磨碎，直到完全粉碎。

❹ 如此一來，小雞就被同質化（Homogenized）。

接著，要向各位提出問題了。

以這個方法來實驗，失去的會是什麼呢？因為只經過粉碎而已，所以這個液體是由100%的小雞構成。就物質性來說，可說是完全沒有改變。

那麼，各位已經知道答案了嗎？這個紙話劇，是可以窺探大家內心的紙話劇。

花子對於這短短的紙話劇啞口無言，不過還是閉上眼睛開始思考。

「失去的東西？小雞和小雞同質化後的液體之間的差別是什麼……」

你在思考到底失去了什麼嗎？

保羅．魏斯就是這個思考實驗的發明者。把小雞粉碎後究竟失去了什麼呢？雖然會讓人覺得「竟然特地拿小雞來實驗，不覺得牠很可憐嗎？」，這也是發明者的目的吧。

首先，除了粉碎以外，並不用加入什麼，也不必去除什麼。就物質面來說沒有多或不足之處。因為粉碎後被同質化，所以相當於小雞的物質在粉碎後也全都留在試管裡頭。即便如此，還能說這裡頭真的失去某些東西嗎？

現在就讓我們試著從不同的角度，去探討失去的部分。

思考1 小雞失去生命

最初浮現絕大多數人腦海裡的肯定是這件事吧。如果被粉碎的話，失去的當然就是生命。除了「生命」以外，還有「生命活動」、「細胞」、「呼吸」等答案。

但保羅・魏斯給予這個思考實驗的正確答案，是「喪失生物學領域的組織」。因為生物學方面的機能已喪失，所以也能說是和生命有著相當高的關連性吧。

或許大家會覺得生命之類的是相當簡單的回答。然而，人類擁有將事情想得很複雜的傾向。例如，即使認為是生命，一定會認為還有不同的答案吧。提出這個思考實驗的人，肯定想得是更加複雜的境界。人們總是會這麼想像。

人類的大腦很擅長比較，所以對於這個思考實驗，大家應該會給出像以下這些各式各樣的答案。因此，這些回答可說都是正確答案之一，並沒有絕對肯定的解答。

思考2 失去外觀

我們之所以能在看過後知道那就是小雞，是從牠的外觀、顏色、大小和動作等條件來判斷的吧。如果將小雞粉碎後，液體化之後也不會是原本的黃色，形體也會不見。雖然體積和重量應該不會有太大的改變，但也失去了活動機能。

不過，讓我們換個角度想，顏色的部分也沒有變成小雞的內臟和血液等構成小雞整體的顏色。因為已被粉碎，所以會全部混合在一起，不過考量構成小雞的色素數目，或許也沒有很大的差別。

思考3 失去「心靈」

這是從可憐的小雞被犧牲的觀點來檢視。「生命」或「顏色與形體」這類答案，是從被放入試管的小雞所失去的東西來探討。「作為一個人的心」、「道德心」，這兩者並非來自被放入試管的小雞，而是我們自己的內心變化。在思索將小雞粉碎的同時，小雞身上所發生的變化，也會讓你的心產生變化。

把什麼罪都沒有的小雞，以「實驗」之名隨意奪取牠的生命，因此萌生了罪惡感，不論這個實驗到底有沒有真的進行，對於這樣的設定，光是想像就讓人有種難以言喻的厭惡感吧。一想像小雞被粉碎，大家或許多少都能想像到實驗時的聲音和臭味。

如果把觀點從小雞身上轉移到我們自己來看看，就可立刻找到答案。

我們在購買雞肉和炸雞時，各位應該也不會在每次購買時都想到牠們是被犧牲的吧？即便如此，被放入試管還遭到粉碎的小雞可說是毫無意義地被犧牲，所以人們的想法也會因此改變。對於失去的東西無法找出其意義所在，應該也可說是和嫌惡感有所關聯所導致的吧。

思考4 失去時間

「時間」這個答案可以衡量出兩種意義。其一是為了粉碎小雞所消耗的時間、其二是投注在小雞身上的時間。

抓起小雞、放入試管、粉碎小雞，這一連串的動作都無法在瞬間完成。所以認為時間流失是理想的方向。

而且，我們也可考量經由這樣的行為，也會失去我們投注在小雞身上的時間。類似的發想，還有像是經過一連串的作業所耗費的「勞力」、為了取得小雞和試管等物資所出的「金錢」等等。

思考5 失去營養素

因為磨碎後會喪失營養素，從這個道理可確定過程中已經流失了某些營養素。除此之外，小雞有一天會長大，變成人們可攝取充分養分的肉類，這也是一個思考方向。如果是母雞，還能產下很多美味的雞蛋。以上談到的這些，都可說是小雞本身持有、但已在實驗中失去的「可能性」。

思考6 失去能判別這是小雞的外觀

因為小雞有形體、顏色和動作，所以我們才能判斷這是活生生的小雞。不過，看到粉碎後的液體，就完全無法理解那到底是什麼了。聽完說明後，可能還是會對這些從小雞轉變而來的液體抱持懷疑，最終才終於能理解吧。因為我們看到的東西就是這麼難以跟小雞聯想在一起。

那是因為維持小雞形態的「作為小雞的狀態（外觀）」已經蕩然無存的關係。

即使將小雞粉碎，就物質面而言好像沒有什麼差別。不過，因為狀態改變了，小雞也喪失了多項機能，還因此失去生命。雖然就物質面來看是相同的，但這些物質已經不在它們原本該存在的地方，讓狀態產生改變，已經讓人無法得知這到底是什麼東西了。

思考7 失去小雞的魅力

看到小雞時會驚呼「好可愛」的人，若是看到被粉碎的小雞，應該不會稱讚「好可愛」了吧。

小雞那惹人憐愛的模樣，被人們印製在各式各樣的產品、也會被用在點心的外型設計，廣泛地運用在多樣化的商品上。因為牠的黃色和較為單純的可愛外觀，以及鳥類獨有的眼睛等魅力，都是牠受到歡迎的原因。如果是被粉碎的小雞，這些特性就蕩然無存了吧。

除此之外，還存在著很多不同的審視角度。

無論是用什麼樣的觀點去得出的答案，只要能知道從小雞轉變成被粉碎的小雞時失去的東西究竟為何，就可以稱之為正確答案了。

If

如果是你的話，會準備什麼樣的答案呢？

追加的思考課程

在保羅．魏斯的實驗中，因為小雞已被粉碎，已「喪失生物學領域的組織」。那麼，如果換成可頌麵包的話，情況又是如何呢？至少不會變成「喪失生物學領域的組織」的狀態。

如果將小雞換成可頌麵包，首先會在腦海裡浮現的就是「味道」和「觸感」。僅管它有酥脆觸感和光澤，但是一旦放進果汁機去攪拌後，形體全失，怎麼看也不會令人食指大動。

這種「味道」和「觸感」，在小雞的實驗中是無法感覺到的發想。接下來，也會聯想到形體、香味和商品價值、金錢、徒勞無功的勞力（特地購買，卻化為烏有）。接下來，討論小雞時談到的「心靈．罪惡感」，在現在這個場合似乎就變得不太重要了。當然，如果這個實驗得在麵包製作者的面前實行的話，仍會感到礙手礙腳。即使還是有浪費食物的罪惡感，但是這和討論小雞時的感受還是截然不同的吧。

除了這些之外，還有很多關於同質化的例子。當放入試管內的東西改變時，大家的內心會發生什麼變化呢？會湧現什麼樣的情緒呢？又會催生什麼樣的觀點呢？我認為進行這樣的思考實驗是非常有趣的。

思考實驗8

要如何導向真實的那一方呢？

忒修斯之船

古雅典（現今的雅典）曾隸屬於克里特的管轄之下。雅典人被命令必須獻出活祭品給被幽禁於克里特島迷宮的牛頭人米諾陶洛斯，每年要獻上男女各7人，總計14人。

這時，回到雅典的雅典王子忒修斯在知道這件事之後，便自告奮勇要加入祭品的行列。因此，他決定前往克里特島，準備討伐米諾陶洛斯。忒修斯不顧雅典國王埃勾斯的反對，搭上了要獻出祭品的船隻。

「陛下，我一定會打倒米諾陶洛斯，然後在回程的船上揚起白旗，我絕對會成功歸來的！」

在忒修斯搭乘的船抵達克里特島後，祭品們就被送進了迷宮。

據說只要進入這個迷宮，就不可能再活著踏出來。不過，忒修斯事先就從克里特國王的女兒阿里阿德涅那裡收到了毛線球和短劍，他將毛線的一端繫在入口處，然後一邊解開毛線球、一邊前進。最後他終於抵達了米諾陶洛斯的所在之處。

忒修斯在戰鬥中打敗了米諾陶洛斯，祭品們也都平安地離開了迷宮，英雄忒修斯也搭著船回到了雅典。

後來這艘忒修斯曾搭乘的船，就被人們稱為「忒修斯之船」，成為流傳至後世的傳說故事。

時光荏苒，這個忒修斯之船被雅典的人們小心翼翼地保管著。不過，用木頭打造而成的忒修斯之船還是逐漸腐朽劣化。雅典的人們覺得這樣下去可不是辦法，於是決定要維修忒修斯之船。他們將腐朽的部分去除，換上新的木材，如果還有毀壞的部分就再拿新的木材來替換。就像這樣，忒修斯之船被雅典的人們細心維護，即使經過漫長的歲月，也一直保持良好的狀態。

但是這艘忒修斯之船，面臨了一個重大的變化。「這個是原本的忒修斯之船上頭的最後零件。」長期負責汰換毀壞部分的修理職人低聲喃喃自語著。過去被取下、收進保管庫留存的腐朽木材，已經堆積得跟山一樣高。現在最後一塊木板也被放進了這裡。

這塊見證英雄忒修斯從克里特島歸來瞬間的最後一塊木材，最後也離開了忒修斯之船。這件事也在當地引發了廣大的討論，像是「傳說中的忒修斯之船變成假貨」、「忒修斯之船被重新打造」、「忒修斯之船和昔日的忒修斯之船可同日而語嗎？」，雅典這個城市因此掀起一陣騷動。

有位得知此事市民氣憤難平地說著。

「這艘船已經不再是忒修斯之船了，只是和忒修斯之船很像的另一艘船。像現在這種忒修斯之船，要打造幾艘都可以。要做複製品還不簡單嗎？所以，現在在這裡的忒修斯之船，只不過是複製品罷了。」

不過有個人對此提出了反對意見。

「不，我每天都來看這艘忒修斯之船，一直以來被人們愛戴的忒修斯之船從那個時候開始就一直待在這裡。我從來都不曾懷疑這艘船並非傳說中的那艘忒修斯之船。」

聽到這些意見的其他市民，提出一個提案。

「如果忒修斯看到這艘船的話，一定會嗤之以鼻地說道：『我搭乘的船又不是這艘！』乾脆把那些因為毀損而移除的木材，拿來再做一艘看看吧。這樣一來，哪一邊才是真貨就一目瞭然了吧。」

之後，腐朽的木材被重新組裝，拼湊成一艘破破爛爛的船。另一艘忒修斯之船登場了。兩艘忒修斯之船就展示在眼前，這讓雅典市民更加混亂了，眾人的反應也各有不同。

「這種破破爛爛的船能被大家自豪地稱之為傳說之船嗎？我還是認為從以前看到現在的那艘忒修斯之船才是真的。」

「破破爛爛的船？這是那位忒修斯打倒米諾陶洛斯時使用的船，會毀損也經過歲月洗禮後在所難免的事。你口中的『破爛船』才是傳說中的忒修斯之船。」

那麼，各位覺得哪一艘船才是傳說中的那艘忒修斯之船呢？

究竟哪一艘才是貨真價實的忒修斯之船，請大家動動腦思考看看。

在這裡，我們把經過持續地修繕、原先忒修斯之船上的零件已經一件都不留的這艘，稱為「修繕後的忒修斯之船」。至於用腐朽的木材盡可能重組出來、破破爛爛的這艘，稱為「重新組裝後的忒修斯之船」

「哪一艘才是傳說中的忒修斯之船呢？」這個疑問，也可說是「哪一艘才等於傳說中的忒修斯之船呢？」

在這個故事當中，市民之間意見分歧，有人認為「一直以來看的就是忒修斯之船」，認為修繕後的忒修斯之船就是真品。另一方面，有人表示「已經完全沒留下當時的木材了，所以是複製品、仿造品。」接下來，我們就針對這兩派意見進行更深入的思考。

「修繕後的忒修斯之船」才是真品！

提出這個意見的市民，主張忒修斯之船一直被保存在那裡，自己每天都會來看。當年忒修斯之船歸來時，毫無疑問就是傳說中的那艘船。

如果說經過修理就變成假貨的話，那麼忒修斯之船是從何時變成假貨的呢？到昨天為止還是真的，然後就在某一天忽然變成假的嗎？這種說法也令人難以接受吧！而且「修繕後的忒修斯之船」一直都在那裡，具有連續性。這也是認定它是真品的根據所在。

「重新組裝後的忒修斯之船」才是真品！

「修繕後的忒修斯之船」上面已經完全沒有當時的木材了。提出這種看法的市民認為，如果是用其他木材組裝的話，就是複製品，不能稱之為真貨，而且相同的東西要做多少就有多少。

另一方面，「重新組裝後的忒修斯之船」是使用當時的木材。忒修斯打敗米諾陶洛斯，凱旋歸鄉的時候，渡過大海的就是組成船隻的這些木材。如果當時在船上有留下因為烹飪所產生的污漬或焦痕的話，那麼能訴說這段故事的，就只有這艘「重新組裝後的忒修斯之船」。

這樣看來，不管是「修繕後的忒修斯之船」還是「重新組裝後的忒修斯之船」，都可以認定為真品。不過，貨真價實的忒修斯之船，可不會有兩艘吧！從克里特島歸來的那艘傳說中的忒修斯之船，確實就是獨一無二的存在。

在此，為了更進一步地思考忒修斯之船的問題，現在就讓我們用不同立場的人的視點，來思考看看。

思考1 如果是想將忒修斯之船當時的盛況寫成書的作家的話？

現在讓我們來想想，如果有個想撰寫《忒修斯的戰鬥和凱旋歸來》這本書的作家，會是怎樣的狀況。

「真想將當時的戰鬥場景寫實地描寫出來，也希望能表現出忒修斯和米諾陶洛斯一戰的臨場感，不過我終究還是想替現存的忒修斯之船進行一段細緻地描寫。不管怎麼說，都非得去看看忒修斯之船不可。」

他想將當時戰鬥的場景真實地還原。如果他只能看到一邊的船時，會選擇哪一艘船呢？這種時候，應該會一邊觀賞經修繕後的忒修斯之船、一邊發揮想像力吧。這是因為和當年的船在外觀上「相同」的，就是修繕後的忒修斯之船。若是重新組裝後的忒修斯之船，應該就會看到很多歪斜或腐蝕的部分吧。

只不過，若是要描述當時在船上發生的戰鬥，觀摩留下當時打鬥痕跡的船，相信會更有助於寫實地描述。

思考2 如果將展示忒修斯之船當作生意的話？

「保管忒修斯之船也是相當花錢的。乾脆拿來展示，讓參觀者可以了解這艘船的歷史。如果能收門票的話，也許也能補貼維修管理費。」

展示忒修斯之船，藉此開啟一門生意會如何呢？我想這裡就會讓意見產生分歧了。為了要讓參觀者能觀想忒修斯勇猛的姿態，「修繕後的忒修斯之船」應該會比較適合吧。至於「重新組裝後的忒修斯之船」所散發出的哀愁和恐怖感，以及在經過悠久歲月所留下的腐朽痕跡，或許會偏離想要吸引更多遊客前來參觀的目的。

如果希望表現祭品們的悲慘故事，「重新組裝後的忒修斯之船」或許是合理的選項。但這艘好不容易重組完成的船，很有可能會立即崩解。若是想用於展示，就必須每天都能處於讓遊客觀賞的最佳狀態。所以評估「重新組裝後的忒修斯之船」的崩解風險，也是必要的考量。

思考3 如果是想調查忒修斯和米諾陶洛斯一戰的研究者的話？

「若是要敘述那段戰爭的故事，現存的忒修斯之船就相當珍貴了。這艘船肯定在克里特島和雅典之間往返了很多次吧，或許也載運了許許多多的祭品。如果真是這樣的話，我們就能在這艘船上找到這些歷史痕跡。」

在爬梳雅典和克里特島當時的關係，以及忒修斯之船相關歷史的研究者看來，「重新組裝後的忒修斯之船」就是得知當時狀況的貴重資料。對這艘船進行徹底的調查，應該就能窺見當時的情景。或許經過最新的研究，就能找到過去從未尋獲的重大發現。所以這艘船上的每一處痕跡，想必他都絕對不會錯過的吧。

對研究者而言，和真正的忒修斯之船「相同」的船，就是使用和當時忒修斯、其他作為祭品的人們，以及船員腳下確實踩著的「相同木材」所打造的船。

思考4 如果要提供搭乘忒修斯之船出航的服務的話？

「如果可以搭乘忒修斯之船的話，一定會變成知名的觀光行程。所以我們來展開讓遊客感受忒修斯情境的服務吧。」

這時顯而易見地，將修繕後的忒修斯之船定為成和傳說中的那艘船是「相同的」，就相當重要了。重新組裝後的忒修斯之船，只要下水後應該就會立刻沉船了吧。這樣一來，根本就不可能載人。

就像這樣，如果把開到海上的忒修斯之船視為「相同的船」的話，其中的共通性就是作為船的功能。同樣能在海上航行、同樣能和傳說中的忒修斯之船使用相同的方式來駕駛、同樣能看到從傳說中的忒修斯之船上所看見的景色。「從傳說中的忒修斯之船上看到的海洋原來是這個樣子啊！」人們就能藉此跨越時空的限制，體驗到「相同的景色」。

思考5 如果當時搭乘忒修斯之船的船員看到這一幕的話？

「這裡是哪裡？眺望周遭的風景後，確實是像雅典的景色呢……等等，忒修斯之船有兩艘!? 怎麼可能有這種事！應該有一邊是假的吧。」

如果當時的船員穿越時空，突然看到眼前有兩艘忒修斯之船的話，他們會認為哪一艘才是真貨的呢？請大家試著想像一下。

剛才還在眼前的忒修斯之船，突然在瞬間變成兩艘。以外觀來說，修繕後的忒修斯之船是極為相像的。然而，考量到逝去的歲月，這麼乾淨的狀態反而顯得不自然的。

另一方面，重新組裝後的忒修斯之船雖然看起來破破爛爛的，但船員或許能在上面找到當時自己操縱的船舵、自己爬上的樓梯、自己喜好的固定位置。無論外觀有多麼相像，他們應該還是會把「重新組裝後的忒修斯之船」視為真正的那艘吧。

思考實驗9

即使如此還是感動的理由為何？

二度觀賞的電影

沙良今天打算去看電影。

「好期待哦，以邏輯思考解決所有問題的觀月圭太，還有氣勢被觀月壓過但又對他抱有興趣的橋本玲子。結局的發展真是令人意外呢！雖然是戲劇性的悲劇故事，仍帶有一絲暖意……前半段的喜劇性描寫真的很有意思呢。特別是麵包屋的場面真是太棒了！」

沙良一邊回想電影的內容、一邊帶著雀躍的腳步走向電影院。

話說回來，其實沙良已經知道這部電影全部的內容了。也就是說，這不是她第1次看這部電影。事實上，沙良在兩週之前曾看過這部片。

3小時以後，沙良坐在回程的電車上。

「啊，實在太有趣了！比第1次好看呢！」

沙良第1次觀賞時，並不知道故事會如何發展，所以一直抱持「接下來會怎麼樣？」的期待，然後接受意外發展的衝擊洗禮，對於這部第1次觀賞的作品感到相當興奮。話雖如此，她還能萌生「看第2次比較有趣」這種感受嗎？特別是這部電影的特色就在於「意外的發展」。也就是說，已經知道劇情走向的沙良，對於這個最大的特色應該不會再感到期待才對。

如果就像沙良所說的那樣，也就是看第2次的時候還比較有趣的話，其中的原因究竟是什麼呢？

我們可以試著列舉出以下3個理由。

思考1　電影的CG技術和音樂會是評價的重點嗎？

最初觀賞時，光是追著劇情跑就相當耗費心力了，其他細部的演出、精彩的CG技術、出色的音樂等等，都沒有能好好感受的餘裕。不過，等到第2次觀賞時，因為已經了解故事走向了，所以可以跟隨劇情同步享受CG和音樂的樂趣。

因為是會讓人在意到願意再次前往觀賞的作品，因此能被和場景契合的音樂給打動、或許也能深切地感受到如果沒有最新的CG技術，這部電影或許就無法完成。能夠注意到這些部分，正是因為有再次觀賞的緣故吧。

思考2　對於登場人物的理解會是評價的重點嗎？

應該有很多人在首次觀賞一部作品的時候，因為很難記住登場人物和他們之間的關聯性，所以無法百分之百地享受電影故事吧。

舉例來說，主角喊了聲「山崎～」，觀眾的心裡卻想著「山崎是誰呀？」的話，就很難將電影的所有要素串連起來。

然而，如果是第2次觀賞的話，因為已經建立預備認知了，所以對於人物的性格、定位，相關人物之間的關係也大概有所理解。所以第2次觀賞時，對於其中的關聯性會更加清楚，這和觀影滿意度的提升也是息息相關的。

思考3 理解得更加深入會是評價的重點嗎？

理解主角的感情，也能融入每個登場人物的心境時，電影看起來想必會別有一番滋味吧。因此，我們對故事情節的認知就清楚了，關於主角行動的意義也能有所理解，而且也會知道為某一幕場面為什麼有出現的必要。

包括了解作者的意圖在內，能對故事了解得更加深入的滿足感，和「看第2次更有趣」這樣的評價是密切相關的。

思考4　觀看電影的場所以及和誰一起看會是評價的重點嗎？

或許第1次是一個人看、第2次則是和家人、朋友、或戀人一起看。如果是這樣的話，與其說是電影本身，不如說是當時的氣氛促使評價提升了吧。

在哪裡看、和誰一起看，這些電影以外的要素能讓情緒高昂，對於提升電影的評價也是有所助益的。

思考5　和登場人物的關係會是評價的重點嗎？

首次觀賞後，對於演出角色的演員有所熟悉，或是看了該演員的紀實故事等等，進而對演員的想法產生變化時，應該就會讓我們用不同的眼光來觀賞這部電影吧。

將登場人物的故事情節視為演員自己的故事那樣來觀賞電影，或許就會產生和過往欣賞劇情時截然不同的滿足感。

思考6 感動或衝擊等情緒會是評價的重點嗎？

最初觀賞時，突然看到很精彩的一幕，如銅疾風一般快速地閃過。即使想著「好想再看一次剛才的場景」，故事還是會繼續進行下去。等到第2次觀賞時，精彩的一幕就不會再「突然」出現了。

就好像必須打好幾次針的場合，第1次打針時會感受到突如其來的疼痛，等到第2次打針時，那種恐懼感會增加。和這個道理相同，在我們第2次觀賞時，因為心裡已作好準備，所以更能享受喜愛的電影場景。

思考7 如果沒有特別可以稱讚的重點呢？

人們對於現在看到的事物，當下的瞬間感受會特別強烈。這次的電影案例也是如此，就這一點來說，比起第1次，第2次觀賞時會比較有利。舉例來說，搞笑比賽的場合，也是第一個出場的參選者會較為不利吧。因為現在剛觀賞完畢，處於高滿意度的狀態，所以和第1次相比會覺得更加有意思。

此外，人們會把自己的行動正當化。對於再次觀看同一部電影這個行動，就會藉由「比第1次觀賞時更有趣」這樣的情感來加以正當化。

就像這樣，「啊～真有趣！比第1次看的時候更有趣呢！」從這句話可以衍生出各式各樣的解讀方式。

在觀賞電影時，通常都是因為「為了享受故事情節而看」對吧。如果已經知道最大的賣點，也就是故事的走向後，反而會無法體會到更多的樂趣吧。就好像少了一道主菜的套餐一樣。

只不過，擅長從各種地方找出價值所在的生物，就是人類。

除了剛才的評價重點之外，或許是因為其他人更了解詳情的優越感，或是當天的天氣、氣溫等氣象條件、當天的心境、當天的時間充裕度等日程的安排狀況、觀賞電影時是否感到肚子餓等等條件，這許許多多的重點，或許都和電影的評價息息相關也說不定呢。

If 如果是你的話，又會怎麼想呢？

難易度★★☆

結婚典禮的矛盾

某位男子第一次舉辦婚禮。

不過，對這對結婚的情侶來說，這次並不是他們第1次結婚，據說他們過往結婚時，都一定要舉行結婚典禮。然而，對這位男子來說，這卻是他第一次的結婚典禮。

這樣的事情聽起來是合理的嗎？

答案

男子是牧師

所謂「某位男子」並不是這對結婚情侶中的男性，而是協助舉辦結婚典禮這一方的男性。對牧師而言是首次主持的結婚典禮，但對於本次結婚的情侶來說，這次並不是他們第1次結婚。

水平思考課程6 Lesson for Lateral thinking

字母系統的法則

難易度★★☆

□中的「S＝W」代表什麼呢？

A＝R	A＝B
K＝Y	K＝B
M＝G	M＝P

S＝W

答案

白色＝WHITE

這些英文字母代表用日文讀音的羅馬拼音和英文寫下顏色名稱的首文字。

A=R Aka=Red	**A=B** Ao=Blue
K=Y Kiiro=Yellow	**K=B** Kuro=Black
M=G Midori=Green	**M=P** Murasaki=Purple

S=W Siro=White

譯註：

赤（あか）「Aka」 Red

青（あお）「Ao」 Blue

黃色（きいろ）「Kiiro」 Yellow

黒（くろ）「Kuro」 Black

緑（みどり）「Midori」 Green

紫（むらさき）「Murasaki」Purple

白（しろ）「Siro」 White

誠實者與說謊者

誠實者說出口的一定是事實，而說謊者一定會撒謊。
以下的A～D當中，只有一個人說的話是謊言。
請問這個人是誰呢？

A 我沒有說謊。
B A為人正直。
C D是說謊者喔。
D B是說謊者喔。

難易度★★☆

答案

D

假設A在說謊，B的言論也會變成謊言，因此B也在說謊。如此一來，說謊的就有兩個人，不符合題目所述。

接下來，假設B在說謊，所以B的言論變成謊言，表示「A為人正直」成了謊言，就結果來說，A也是說謊者，和剛才一樣跟題目的敘述形成矛盾。

現在假設C在說謊，那麼「D是說謊者喔」就是謊言了，因此D是誠實的人。如此一來，D說出的「B是說謊者喔」就是事實，表示B為說謊者。導致B和C這兩個人都在說謊，和題目敘述不相符。

以消去法來看，D應該是說謊者，但為謹慎起見，這裡要再確認一次。

假設D在說謊，那麼「B是說謊者喔」這句話就是假的，表示B是誠實的。而B說「A為人正直」，表示A也是誠實的。接下來，說D是說謊者的C所說的也是事實，所以C也是誠實的。因此，說謊的只剩下一人，所以本次的假設是正確的。

難易度★★☆

卡片謎題

這裡的卡片之中，有3張卡片是兩面都寫著數字。將這些卡片分成3組，分配如圖所示。正面和反面所寫的數字合計起來最高的那張卡片，上頭的2個數字為何呢？

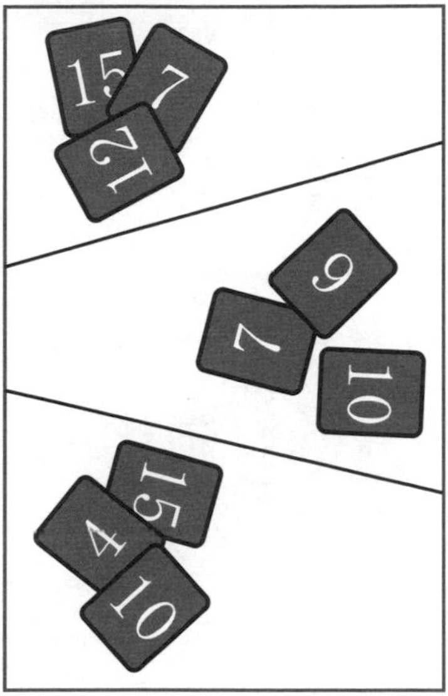

答案

15與9

舉個例子，在我們推測7這張卡片的反面數字時，從最上方圖示的狀況，可得知7的背面不會是15和12。從中間圖示判斷，不會是9和10。也就是說，我們可得知剩下來的4，就是寫在7的卡片背後的數字。

按同樣的解法來看，這3張卡片的組合如下所示。

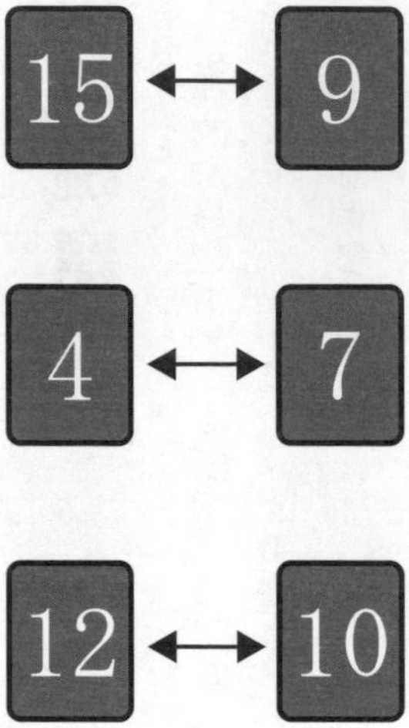

第 4 章

悄悄地置入
感情看看

思考時可以撇開情感因素嗎？

請各位試著想像在某個商務活動現場中，聽到了以下這段話。

「請勿流於感情用事，希望你能用邏輯來思考。」

人們常說，感情用事和邏輯理性就像是對照組那樣的存在。不過，**人們不可能完全抽離感情來思考吧**。此外，說話有邏輯的人也經常被人評價，認為他們感覺很冷漠、有距離感，但這也是不對的。

舉例來說，如果看到同學考試不及格，這時如果對他說：「好好喔，不及格的人可以再考一次，又能再學習一次，藉此考驗成果不是嗎？」那麼對方會怎麼想呢？雖然這段話就邏輯性來看沒有錯誤，但是對方會從敘述面接收到負面的情感。

說話很有邏輯的人如果切割情感，單純以邏輯進行思考的話，想要讓討論更加熱烈也是很困難的吧？那是因為人類往往會和情感締結很深厚的連結。

只不過，這並不表示融入感性就不會有任何問題產生。如果發現自己過於感情用事讓情緒跟著激昂起來，這時先暫且冷靜下是很重要的。這個時候，應該將那種感性視為另一個自己去客觀地審視，會比較有效。

在這個章節中為大家介紹的3種思考實驗，是思考人類情感的不可思議的實驗。

在「妖精與沙都子」這個單元，關於至今沒有意識到的「妖精」這種未知的存在，沙都子突然被人告知「應該相信妖精的存在」，我們將一起思考她內心面對的困惑。

在「隧道與地主」這個單元，要思考因為可以預見最後的結果，導致難以做出其他選擇、也不會以邏輯來評估損益效果的這種在現實商務世界裡比比皆是的狀況。在這樣的情形下會摻雜複雜的情感糾結，如果是你的話，會如何處置呢？

在「飲料吧」這個單元，或許各位也曾碰過這樣的狀況也說不定，我們要思考潛藏在日常生活中細碎小事裡的道德分界線。

請大家先試著以感性思考，接著再稍微從那樣的自己中抽離出來，再次檢視，以像是在大腦中進行感性思考實驗的感受來閱讀本章，相信會更加有趣。

思考實驗 10

相信的話會比較好嗎？

妖精與沙都子

比奈子常常說她看得到妖精。而且，那個妖精有時會向比奈子攀談。

「我和妖精是朋友，晴天的時候，可以看到晴天妖精；陰天的時候，可以看到陰天妖精；下雨天的時候，可已看到雨天妖精。然後，她們會跟我的心靈溝通。像是『今天覺得如何？』、『今天不要再吃巧克力了啦！』、『今天的幸運色是白色哦！』之類的，雖然偶爾也會捉弄我，但是滿可愛的啦！」

沙都子老是心不在焉地聽著這些話。當然，這些話絕對是騙人的。這個世界上怎麼會有妖精存在呢？問她妖精長得是什麼樣子，就如同我們想像的一樣，小巧可愛，有著透明的翅膀，就像印象中妖精該有的模樣。不過，這些的確就是比奈子的想像而已。

「樣子大概和一般的妖精差不多，語氣就是女性的口吻、喜歡惡作劇，就是那種經常在故事裡出現的妖精不是嗎……比奈子就是從這些資訊憑空想像出妖精的模樣吧。真是的，這種謊也能說！」

和比奈子告別後，沙都子邊嘆氣、邊喃喃自語。

「撇開滿嘴妖精的話題之外，比奈子就是個很不錯的人啊。」

話說，妖精的話題好像是從某個有名的占卜師開始的。比奈子表示自己從對方那裡聽了妖精的話題後，就開始能看到妖精了。稍微調查了一下，發現這段經過好像確實沒錯。

「這不是比奈子的幻想，而是那個知名占卜師的幻想啊……」

某一天，比奈子突然問起一件事。

「問妳喔，妳相信我說的那些關於妖精的事嗎？」

「欸？怎麼啦？」

沙都子有些驚訝地反問比奈子。

「沒什麼啦，只是在想妳是不是相信。那個告訴我妖精存在的占卜師經常這麼說。『只要相信妖精的存在，就會好事發生。不過，如果不相信的話，就發生壞事哦！』如果相信妖精存在，妖精好像就會每年用自己的力量為妳帶來1件好事。不過，如果妳不信的話，每年就會有1件不幸的事降臨到妳身上，而且持續到來世也不會停止。」

「嗯嗯，這樣啊。好啦，我相信啦。」

沙都子當下先敷衍地回答，然後就和比奈子道別了。

「唉呀，一直在說妖精，實在是太好笑了，到底是怎麼一回事啊。不過……」

沙都子陷入了沉思。

「不過，說人家會遭遇不幸，真是令人不快呢。而且還會延續到來世什麼的，這些話太討人厭了。可是不知道為什麼，原本我是不會相信這些的，但現在總覺得有點在意比奈子說的話。的確，從很久以前，妖精就在許多故事裡出現。當然我也不否認這些就會讓人覺得妖精是不可思議的存在啦。但是，或許真的有人看過也說不定呢。啊啊，應該不可能吧。」

思考1 有無法完全否定的理由

沙都子萌生這樣的想法，究竟是為什麼呢？

沙都子聽說每年都會發生1件不幸的事情，這似乎讓她人感到害怕了。當然，她並不相信有妖精，也覺得宣揚妖精存在的占卜師的所作所為也不過就是詭辯罷了。

儘管如此，還有件事讓她有點在意，那就是人們實際上並沒有去確認過妖精的存在吧。說到底，妖精這種架空的生物，自古以來就在各式各樣的故事裡登場，相傳妖精擁有不可思議的力量。而且，也曾聽過有人目擊、接觸過等情報。即使可能是誤信、捏造或看錯了，但也不禁讓人想像，或許真的有相似的生物存在於某個地方也不一定。

正因為如此，如果沙都子沒有聽到這些內容，就什麼都不會多想了，然而一旦聽到了，就反倒讓她有些在意。

這就有點類似「每日星座運勢」的概念。不相信占卜的人，就不會去打開占卜的網頁來看，對於〇〇占卜之類的文字也不會抱有興趣。不過，偶爾看到電視播出的星座占卜，若是自己的星座排在第12名時（最後一名）時，就不會感到開心了吧。即使不相信，但比起第12名，能排到更前面的位置肯定是比較好的。當抽籤抽到凶籤時，在感到有些遺憾之餘，可能會轉成「總之，之後運勢只有上升可言」這樣的積極思考。即使沒有那麼相信，心裡還是會在意，或許可以稱之為填補內心空隙那樣的存在吧。

思考2 從兩個案例來思考看看

如果沙都子相信這個世界上有妖精存在的話，又會是怎麼樣的情況呢？

相信妖精、認為妖精真的存在的話，每年至少會發生1件好事。相信妖精存在，但事實上根本就沒有妖精時，什麼事情也不會發生。對沙都子而言，即使相信妖精，感覺上也比較接近後者。然而，即使是這樣，也不會對她有什麼重大損失。

不過，換成不相信妖精存在的場合，不相信妖精，但實際上妖精的確存在的話，每年會發生1件壞事。這對沙都子而言，絕對不是讓人開心的事。也就是說，只要相信的話就不會有任何損失。倘若不信的話，賭對了就沒有損失，但如果賭錯了，每年就會有1件壞事降臨。

以邏輯來思考這個問題時，就會如圖表所示，不相信時，會單方面承受損失。如果是這樣的話，會讓人覺得不如姑且相信還比較安全。

這就和你相不相信神明的存在是一樣的道理。在日本認為自己沒有宗教信仰的人其實壓倒性地多，能斬釘截鐵地表示自己相信神明的人，其實也不如大家想像的那麼多吧。

相信妖精嗎？不相信妖精嗎？

	相信	不相信
妖精存在	每年發生1件好事	每年發生1件壞事
妖精不存在	沒有任何事會發生	沒有任何事會發生

⬇

即使選擇「不相信」也不會有好事發生嗎？

但另一方面，人們在前往新年參拜時，並不會覺得這個過程很不可思議，看到七福神的圖像，也能理解這是會帶來好運的象徵。另外說到有沒有神明這件事，不是也有不少日本人認為各種事物中都有神明存在嗎？而且，人們也常將「天國」這個詞彙運用在日常生活中。還有，收到別人餽贈的御守，對待御守的方式也會和其他的物品有些不同吧。

就像這樣，即使是沒有宗教信仰的人們，斷言「完全不相信有神明」，但與其全盤否認祂們的存在，也會藉由保持一定距離的關心，讓內心感到平靜。

這個思考實驗中的妖精也是一樣的，我們無從去確認妖精的存在。之所以能去相信並感受這種看不見、摸不著、無法交談的生物，就是人類的特殊能力吧。也因為如此，沙都子對妖精這種存在也無法完全否定。正是處在這種並非完全不信的半調子狀態，所以認為不會獲得每年降臨的1件好事，但每年也不會有1件壞事發生，這樣的想法，對沙都子而言應該是比較理想的妥協點。就跟面對神明的態度一樣，和妖精也保持著一定的距離，讓自己能夠接受信服或許比較妥當。

如此一來，就像結果不好的星座運勢一樣，也許什麼都不知道才是最好的答案。

If

如果你是沙都子的話，會相信妖精的存在嗎？

思考實驗 11

為何那個判斷無法撤銷呢？

隧道與地主

某私人鐵路公司為了在目前的終點處設置車站，所以多年來和土地所有者持續不斷地交涉。後來，他們成功說服某個大地主之外的其他地主。不過，這個大地主不但不退讓，也沒有商量的餘地。

因此，私人鐵路公司的社長便決定繞過這個場所，並挖掘一個隧道來連接軌道。

挖掘隧道的大工程開始了。車站的建設也跟著展開，目前也順利地進行作業。這處投入高昂費用打造的隧道建設已經完工約8成，總算快要完成了，

但就在某一天……

「社長，那位大地主有想您談談。」

社長和數位職員討論道：「現在才來？該不會是要叫我們別讓鐵軌通過他的地旁邊吧！」帶著不詳的預感，眾人跑去和大地主見面了。

「哎呀，我仔細思考了一下，只有我反對而已，總覺得這樣場面太難看了。只因為這樣就要讓你們繞個大彎，也相當花時間吧。而且，我現在因為某些原因要搬家了。嗯，簡單來說，或許現在才說這些有點太晚了，不過這塊土地可以給你們使用，可以稍微便宜一點賣給您們。」

回程路上，社長臉上帶著複雜的表情。

「哎呀，真是太好了！社長！現在不用繞路就可以直達……您怎麼啦？」

職員看著臭著一張臉的社長，不可思議地問道。

「怎樣都行不通啊！隧道已經蓋好8成了，這不是很浪費嗎？而且這個隧道相當棒，還是會冠上我們公司名稱的隧道，無論如何我都想完成它。既然都做到這個地步了，我們還是以繞路的方式來鋪設鐵路好了。」

「咦咦咦!?即使現在才買下土地讓鐵路通過，費用上也比較便宜。開通隧道好像也沒什麼好處。」

「不，已經花了這麼多的時間、費用和勞力了。如果不用的話不是很浪費嗎？就邏輯思考而言，還是隧道比較好，我們還是以使用隧道這個方向來調整吧！」

那麼，在這裡要提出一個問題了。

為何社長不能接受地主的提議呢？

思考1 哪邊才是明智的抉擇呢？

考量到鐵道的功用的話，儘早將旅客送往下一站是最優先的考量，這是為了顧客的利益所作出的適當選擇。本次的情況，就乘客的角度來說，穿越大地主的土地會比較好，基本上幾乎沒有理由要通過隧道。如果真的是相當傑出的隧道，也許能成為讓人拍照打卡、放上社群網站的熱門觀光景點也說不定，但本案是否有以此為目標去打造一處觀光景點的價值，尚且存疑。如果要因為這個理由繞路，就鐵路的意義和利益而言，判斷這並非明智之舉也不是件難事。

現在工程仍在進行中，考量今後要繼續投入的費用，收購大地主的土地，讓鐵路可以通過，就能以比較便宜的方式完成。儘管如此，社長似乎依然對這處隧道有所留戀，那是為什麼呢？

思考2 社長認為的優先事項為何？

即使比起運用大地主的土地還更耗費成本，還會延長車站與車站之間的運行時間，距離完工尚且需要一段時日，在這種情況下如果仍有使用隧道的意義的話，那會是什麼呢？

社長曾表示「很浪費」，他所指的是什麼意思呢？

舉個例子，A先生在家居建材量販店購物時，想買的東西已賣完了，於是請店員確認是否還有庫存。店員以小跑步的姿勢迅速確認貨架後，聽取前輩店員的指示下，幫顧客查詢庫存。感覺上似乎還有庫存的樣子。A先生一邊注意店員、一邊在店內閒晃。3分鐘以後，A先生發現在別的貨架上看到1個他尋找的商品。不過，A先生並沒有拿起來，而是回到原來的位置，取走剛剛店員幫忙調出來的商品，嘴裡說著「還能買到真是太好了」，然後走去櫃台結帳。

這時，A先生為何不去拿別的貨架上的商品，然後跟店員說明「剛才拜託你們幫忙找的東西，我後來在別的架上找到了」呢？

恐怕是覺得店員為了自己在店內跑來跑去尋找庫存，所以不想浪費人家的努力吧。也就是說，打動A先生的不是時間、金錢，也不是邏輯思考，而是情感。因為不想讓店員白忙一場的心意，再加上只過了3分鐘，因此輕易地勝過想趕快結帳離開的念頭。

那麼，私人鐵路公司社長的判斷又是根據什麼呢？在這種場合，他也和A先生一樣是以個人的情感來影響判斷。

「隧道已經挖到這種程度了，事到如今才中斷工程實在很浪費。不只對正在幫我們施工的公司很難交代，況且我也想看到完工的隧道……」董事長被自己的情感所左右了。而且，一想到至今投入的工程費用將化為泡影，想要讓工程持續下去也是人之常情。

在家居建材量販店購物的A先生，特地等待店員找到庫存，這能讓雙方感到愉快，也沒有造成損失，是很不錯的結果，並不會產生什麼問題。

然而，社長的判斷會大大左右公司的經營，並不是能輕易妄下決定的場合。如果任由當下的心情來判斷，將來肯定會後悔的吧。

如果社長能夠先考慮「就結果而言，會是如何呢？」或許就會作出不同的判斷。

If

如果是你的話，能夠推導出正確的答案嗎？

那是道德？亦或是感情？

飲料吧

阿隆和3位友人一起去「希蕾森家庭餐廳」用餐。希蕾森家庭餐廳提供能無限暢飲的飲料吧和無限取用的沙拉吧，使用飲料吧服務要支付300日元，沙拉吧則是500日元，同時使用飲料吧和沙拉吧兩種服務的雙吧優惠組合為700日元。但不論是哪一種都必須搭配料理點餐。

阿隆只點了午餐定食A，朋友結城點了午餐定食B和沙拉吧，阿勝和秀樹點了午餐定食C和飲料吧。

此時，阿隆提出了一個想法。

「結城點的沙拉吧，還有阿勝及秀樹點的飲料吧，合在一起點不是更省嗎？」

不過，這個提案立刻被否決了。

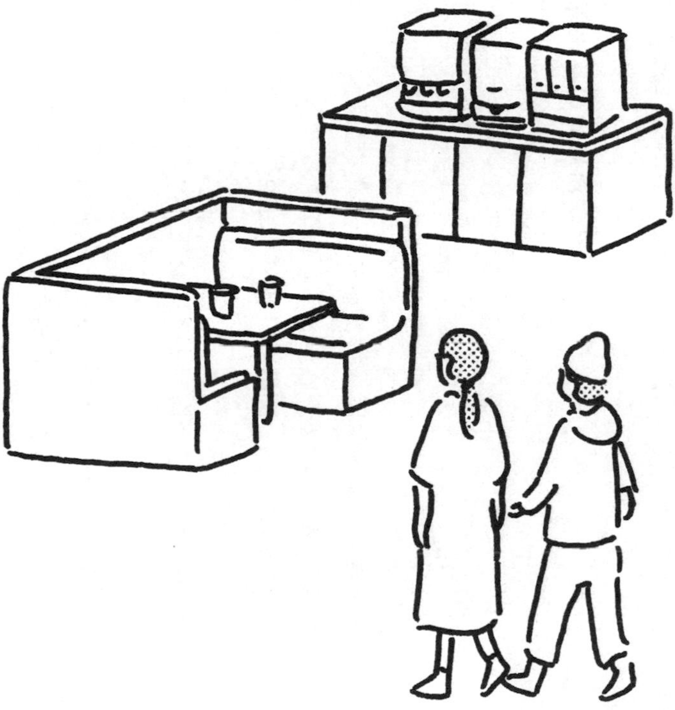

「不行啦！雙吧優惠組合只限於個人點餐。」

「哎呀，真的耶。」阿隆理解後，4個人開始享受美食。然後就在大家起身準備去結帳時，阿隆注意到一件事。

（結城從沙拉吧、阿勝從飲料吧拿來的東西還有剩，真是浪費啊！）

因此，阿隆開始思考。

（這些不能帶回去吧？如果沒在這裡吃完的話，這些沙拉和飲料吧都會被丟掉，這不就浪費食物了嗎？人們常說在日本有很多被丟棄的食物。與其被丟棄，被誰吃掉還是比較好吧。那麼，他們兩個吃剩下的，我來吃完應該也沒關係吧。不對，應該說吃完會比較好。）

那麼，對於阿隆的想法，各位有什麼看法嗎？

思考1 ━ 阿隆吃的話是違反規則

這可能是最標準的一個想法。的確，相信大家都會覺得能全部吃光光是好事，要是食物被丟掉的話總覺得太浪費了。不過，比起這個，也有一種想法是認為更應該重視「店家的規則」。

為什麼「食物剩下很浪費」這樣的想法，會無法凌駕於店家的規則呢？最簡單的理由，恐怕就是「不會產生混淆」吧。假設「食物剩下也無妨」的話，就必須定義「吃到什麼程度算是剩下來」。另外還有如何分辨「刻意拿得太多結果吃不完」或是「雖然自己沒要吃，只是幫別人拿的」等等不恰當的行為也是會從中衍生的困擾。這樣一來，如果定要為「只有點沙拉吧或飲料吧的人才能享用的話」，就會變得很容易理解了。

思考2 阿隆是不是漁翁得利呢？

本來沒有點，卻還是食用了飲料吧或沙拉吧的餐點，這種行為是妥當的嗎？因為沒有支付該服務的費用就吃了東西，那種感覺就像是在吃霸王餐。

這次的情況是結城和阿勝都已經吃飽了，所以吃剩的沙拉和飲料要怎麼處理，其實和他們沒什麼關係。儘管如此，阿隆把那些東西吃了，他們不會覺得阿隆太狡猾了嗎？

阿隆的行為雖然不會讓他們兩人蒙受任何的損失，不過，在他們支付的金錢範圍內讓阿隆單方面地得利了，總是讓人感到有些不對勁。

思考3 這在團體中是被允許的嗎？

這世間也是人抱著著一種想法，那就是即使是別人點的東西，但只要是同行的人，就算吃了也沒有關係。的確，如果是從旁邊的餐桌拿過來的話當然是不太好，但如果是同行者的話，因為都是同一桌的，就會讓人睜一隻眼、閉一隻眼吧，並不會認為這是多奇怪的想法。

即將被丟棄的食物和飲料也可以被有效地利用。人們去裝菜裝飲料時也不是為了剩下才故意裝的。這樣想來，感覺是不會產生什麼問題的。

然而，在這種情況下，就可能產生「思考1」中提及的困擾。

恐怕「吃剩的讓同行者一起吃也無妨吧」這樣的想法，應該要加上「遵守規則」的提醒才對。如果有遵守規則的話，「與其被丟掉，不如自己吃下」這樣的想法，就不會有前面提到的那種讓人覺得狡猾的想法產生。

不過，將人人都視為會遵守道德倫理規定的話，對於店家制定店內規則會比較危險，因為店家的規則可能就會變成沒有什麼用處。

這個問題的重點，在於飲料吧喝剩和沙拉吧吃剩的東西，即使是由沒有點餐的人來吃完，也不會造成誰的損失。不論是選擇該服務的人、沒有選擇該服務的人、店家、和店家簽約的農民，都沒有一個人會蒙受損失。不只是如此，店家的垃圾量也因此會減少，這更是讓人覺得這種行為是有所助益的。這也許是基於不浪費食物這種觀念的高漲所催生的行動。

然而，即使是這樣，沙拉吧、飲料吧只有點餐的人才能享用的這個規則是最讓人認同、也是最多人感到妥當的。不過人類不是機器人，無法明確地劃分出從哪邊開始算起才是吃剩下的界線。在權衡過邏輯性、道德、情感的平衡後，「只有選擇該服務的人才能吃」是最棒的結論。

當然，最理想的情況就是像這次的秀樹一樣，把東西全部吃光光，就結果來說也就不會有像阿隆一樣的想法出現。

If

如果遇到相同情形，若是你的話，會怎麼做呢？

兄弟檔

難易度★★☆

有一對兄弟正在下將棋。

經過7次的對弈，不論哥哥還是弟弟，都說自己贏了4回合。這兩人所說的並不是謊言，當然也沒有平手的狀態。

這到底是怎麼一回事呢？

答案

他們兩個人是各自和不同的對象進行對弈，本題的情況並非是指兄弟對決的棋局。

難易度★★☆

質數和乘法

1兆以下的質數全部相乘後得到的數值，是偶數還是奇數呢？

所謂的質數，就是除了1和該數字以外不存在其他因數的數字。例如，「17」除了1和17以外是無法分解的，所以並沒有1和17以外的因數。

答案 **偶數**

質數會從2、3、5、7、11、13……一路延續。無論是1兆以下或是1000兆以下，質數絕對都是從2開始的，只要用「2和剩下的數字相乘的結果」來思考，必定都會是偶數。

難易度★★★

帽子顏色謎題

現在灰色帽子有1頂，白色帽子有2頂，黑色帽子有3頂。有4位擅長邏輯思考的學生和1位教授聚集一堂，教授即將展開實驗。他幫這4位學生各戴上1頂帽子，然後把剩下的全部收起來。

現在A和B是戴黑色帽子，C是戴灰色帽子，D是戴白色帽子。學生們不知道自己戴的是什麼顏色的帽子，但除了自己以外，可以看到其他3人的帽子是哪種顏色。

教授說道。

「知道自己的帽子顏色的人，請舉手！」

能最早說出自己帽了顏色的人，會是戴什麼顏色帽子的學生呢？

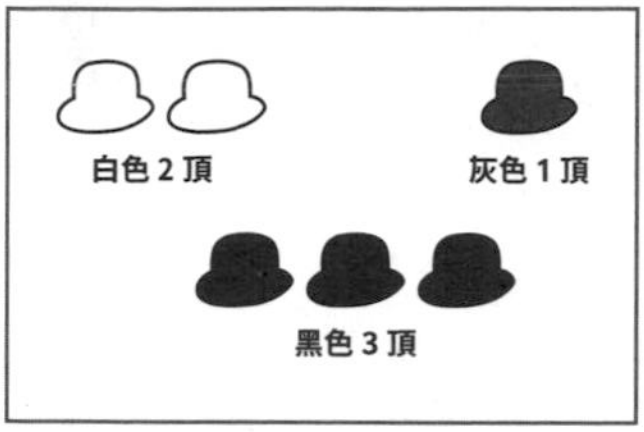

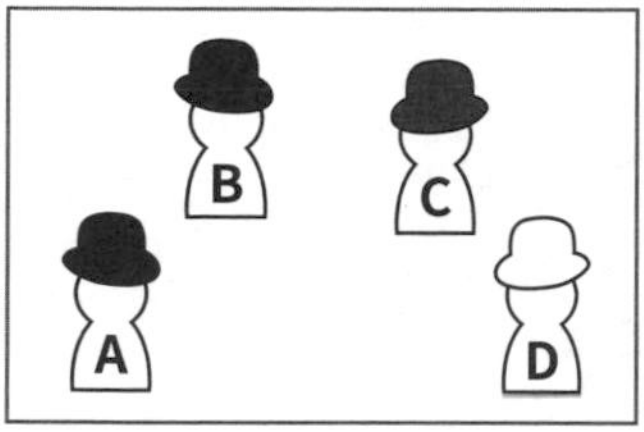

提示

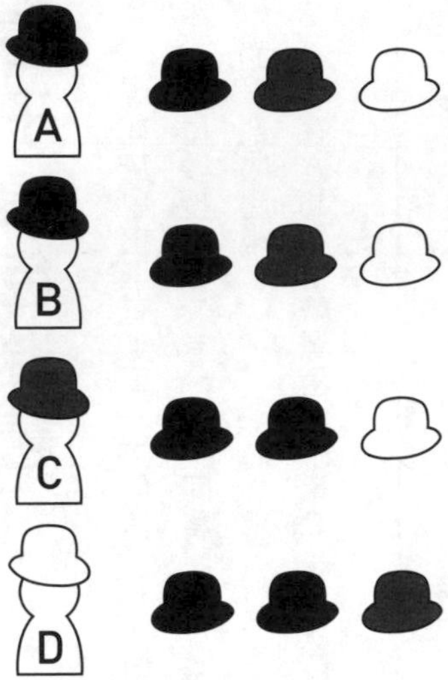

每個學生看到的3個帽子如上圖所示。

因為灰色帽子只有1頂，所以學生A、B、D立刻就知道自己頭上的並不是灰色帽子。不過，因為白色帽子有2頂、黑色帽子有3頂，除了這些之外就沒有其他能立即幫助判斷的資訊了。現在他們就得靠邏輯思考來推理答案。

戴著灰色帽子的C是不利的。因為目前他完全不知道自己的帽子是3種顏色中的哪一個。答案恐怕是戴著黑色帽子的A和B，或是戴著白色帽子的D等人裡的某一個。讓我們先來設立假設。

首先，假設A可以看到2頂白色帽子、1頂灰色帽子的話，會如何推理呢？在這種情況下，A可以立刻得知自己戴的是黑色的帽子。

B在思索著線索。「假如自己載著白色帽子的話，那A說白色帽子有2頂、灰色帽子有1頂，也就是說A應該可以立刻知道自己帽子的顏色。」

那麼，大家可以找出答案了嗎？

答案

戴著黑色帽子的學生（A與B）

B這麼評估。「假如自己載著白色帽子的話，那A說白色帽子有2頂、灰色帽子有1頂，也就是說A應該可以立刻知道自己帽子的顏色。」

接下來再繼續延伸思考。

「雖說如此，A並沒有不舉手。原因就是A並沒有看到2頂白色帽子。也就是說，我頭上的帽子是黑色的！」

因為A也在進行相同的思考，所以A和B應該會同時把手舉起來吧。

接著，當D看到這種情況，應該會進行以下這樣的推斷。

「A和B都舉手的話，就代表他們都看到白色帽子了，戴著白色帽子的人只有我。」

看到D舉手後，C也搞懂一切了，就知道自己所戴的帽子是灰色的。

第 5 章

不要輕信記憶

人類的大腦常常會受騙

人類的記憶是非常曖昧的。

舉例來說，在我們和學生時代的友人聊起過去的回憶時，或許會頻頻發現自己的記憶和對方的有所出入。有時想要糾正對方，但對方卻指出搞錯的人是我們對吧？各位是不是也曾在家人之間碰過這種彼此記憶有落差的情況呢？

記憶就是這麼曖昧的東西。即使自己認為那確實是正確無誤的記憶，但也是有搞錯的可能性。

記憶經常在回想時經過重新編整，然後再度存放於大腦中。而且，隨著時間過去也常讓人感到朦朦朧朧的。如果有人可以正確地說出1個月前吃過的東西，恐怕會令人感受到那個人的腦容量和普通人有所不同吧。

此外，人類的記憶是非常容易被錯置的。

例如，有個人對你說：「你五歲的時候在購物中心走失了，有個親切的阿姨幫了你。」但其實這是個造假的故事。另外，還跟你說了3段左右的過往故事。在這個時候，大約有25%的人聽完在購物中心迷路的故事後，就會表示「那件事確實發生過。現在回想起來，當時我真的哭了。記得我身上的衣服應該是橘色的吧。竟然還記得呢！」之類的感想。簡直就像是在談自己的記憶一樣，這樣的記憶被當成過去真的發生過的事，完完全全變成自己的記憶了。

這個實驗是伊莉莎白・羅芙特斯教授（美國籍）的實驗。記憶就是如此容易引發混淆、容易誤信成為自己的記憶。

請大家先將記憶的曖昧性作為前提理解知識，敬請享受以下3個實驗。

思考實驗 13

如果自己的人生可以用金錢買到的話？

販售記憶

在東京都內最有價值的土地上，建有高聳的大廈。那是販售記憶的記憶公司的總公司大樓，記憶公司運用高端的大腦科學技術，開發出取出某人的記憶，再移植置入到他人大腦的技術。

如果有這樣的技術，就能拯救苦於精神創傷的人們。例如可以將受到雙親的虐待、在心中留下巨大創傷的孩子的記憶取出，替換、置入被祖父母細心養育的記憶。盡可能減少因為不幸記憶而受苦的人們，就是記憶公司的使命，也是目標。因此，他們和全國的醫院合作，經常幫助受精神疾病所苦的患者。

不過，記憶公司的發展方向開始脫離了正軌，那是以某件事的發生為引爆契機。某個晴朗的早晨，有位男性富豪拜訪了記憶公司，提出他想要擁有環遊全世界的記憶。他表示自己非常忙碌，要靠自己去旅行是很困難的，因此如果能置入好幾個人的記憶，就等同於環遊全世界了。

「我想去的國家有中國、俄羅斯、埃及、南非、土耳其。另外歐洲各國、加拿大、秘魯、阿根廷。美國因為我常常去，所以就不用了。國家數目不是問題，我不想要極簡旅行，希望會是能享受豪華客船和最高級飯店的旅行。」

這個男人提出的酬勞非常吸引人，於是記憶公司承接了這個委託，向好幾個人購買了記憶，將輝煌華麗的環遊世界旅行記憶置入男人的大腦中。男人感到非常滿足，將這份喜悅感和記憶公司分享。

自承接這個案子開始，記憶公司便以自行承擔責任為條件，將記憶販售公開銷售給一般民眾。

14歲的由香有個家境富裕的朋友麻里子。麻里子14歲就擁有學者等級的學力，還擅長鋼琴和小提琴，能說10國左右的語言，還是個技術高超的游泳健將。當然，這些技能都是將買來的記憶移植到麻里子大腦後的產物。

由香這麼問麻里子。

「妳每天都會練習鋼琴嗎？」

接著，麻里子一臉不可思議地說道。

「咦？只要去買有練習的人的記憶就可以了吧。根本不需要練習不是嗎？妳好奇怪哦！」

這時由香也能接受麻里子的說法了。的確，如果可以買到記憶就沒問題了，根本不必再進行什麼練習。這對無法像有錢的麻里子一樣購買記憶的由香而言，是一件難以理解的事情。

「況且我們家既沒有鋼琴也沒有小提琴，下次只要購買世界第一鋼琴家的記憶，就能參加世界大賽了。」

「那是要買下出席世界大賽的記憶嗎？還是妳真的要參加世界大賽？」

由香被麻里子看來不可思議的一番話所吸引。

「如果決定參加的話，還是自己去參加吧！如果是要買下跟比賽相關的記憶，也太複雜麻煩了。因為真的贏過比賽拿獎的人和只是買下拿獎記憶的人，都會說自己是得獎者吧。雖然只要看過比賽紀錄就會了解了，但是買下記憶的人都會認為自己拿獎了對吧。所以依照記憶公司的規定，這是禁止販賣的項目。」

「自己不會知道那是買下的記憶嗎？」

「如果可以用筆記提醒自己，就會知道了吧。不過，例如買了旅行的記憶，就只會認為自己真的去過了。雖然只要看到記憶公司的發票就知道是購買的服務，但還是會覺得自己明明真的去過了，對當下的情況感到不可思議吧！」

由香回到自己家裡後，看到一臉擔心的母親，馬上走上前去。

「怎麼了嗎？」

「爺爺生病倒了，必須動手術才行。」

「咦，這樣呀……」

突然發生這種事，讓由香感到天旋地轉、一片慌亂，不知道怎麼辦才好。心中滿是不安和擔憂。

「不過啊。」

母親握著內心動搖的由香的手，臉上揚起一抹微笑。

「爺爺住院的那間南流星醫院，向記憶公司購買了醫術精湛醫師的技術，再置入到年輕醫師的大腦裡。所以這次爺爺要動的困難手術，會由已經完全複製技術的醫師執刀，所以沒問題的喔。」

「真的嗎！記憶公司也太了不起了！」

到了隔天，由香爺爺的手術順利地完成了，這也讓由香鬆了一口氣。

「當我聽到麻里子那番話的時候，雖然覺得好事都是麻里子佔盡，實在太不公平了。但爺爺這次也是因為記憶販賣才得到了幫助，我覺得越來越迷惘了。」

思考1 販售販賣真的可能實現嗎？

前面提及的思考實驗「販賣記憶」的故事，就只是基於思考實驗下設定的故事而已。不過，販售記憶就技術面而言，或許在某一天是能夠實現的也說不定呢。

目前，將苦於心理創傷的患者的恐懼記憶部分消除的技術，正在進行開發與研究中。記憶在回想時會處於一時的不穩定狀態，接著會重新構成再次記憶，形成記憶收納庫。利用這種不穩定的特性，將人們想起造成內心創傷的事實，然後以藥物控制、讓人忘卻那段記憶。光是這樣，就能逐步解析記憶的機制。在不久的將來，也許記憶就能被複製或被消除。如此一來，像記憶公司這樣的企業真的出現在這個世界上也並不稀奇。

思考2 販售記憶的運用管道為何？

作為販售記憶的運用管道，最先讓大家想到的就是醫療現場吧。前面提到的心理創傷治療也是其中之一。

・心理創傷的舒緩和消除
・複製優秀醫師的技能
・偏食的治療
・失智症的改善和治療
・肥胖治療

在其他方面也有很多可以運用的例子。除了醫療用途之外還有什麼呢？發想大概會一一湧現吧。如果能正確地利用販售記憶的話，可以想像得到一定會出現更便利的運用方式。不過，說到消除記憶或是將記憶置入大腦，總是會讓人有種排斥感。這樣的排斥感又是從哪裡來的呢？

思考3 對於販售記憶的排斥感

記憶對持有者個人而言是自己之所以是自己的證明，是很重要的。舉例而言，正因為我們擁有昨天的記憶、1年前的記憶、3分鐘前的記憶，所以我們才知道自己是誰、才能理解現在自己會這麼做的理由。如果過去的記憶都消失了，就會陷入「我是誰呢？」的疑問。如同在人們酩酊大醉、產生記憶斷片時，之後就會想著「為什麼我會在這裡呢？」

如果，你認識的高中時代的同學，對方的成績落在後半段、大學也是讀差不多等級的學校，但是在購買記憶，對方表示「我自外國的高中畢業後，就進入史丹佛大學，之後以第1名的成績畢業。現在正在煩惱著要在什麼領域奉獻所學。」聽了這番話的你又會怎麼想呢？會不會產生此人已經不是你所認識的那個人的感覺呢？

記憶會左右一個人的性格、構成一個人的形貌。這也許就是人們對於販售記憶抱有排斥感的原因之一。其他方面，像是記憶是由自己讀的書和體驗所構成的理所當然感覺，如果真有販賣記憶這件事的話，會從搞不清楚什麼才是真實的心情產生排斥感，此外以金錢來購買能力的不公平感也會讓人萌生抗拒等等，都是可能的原因。

If

如果記憶可以購買的話，你會怎麼選擇呢？

思考實驗 14

內容和想像一模一樣嗎？

箱中的獨角仙

你看到了一個不可思議的光景。

「接下來，要進行一項實驗。」

有個打扮像是科學家的男性，對在場的眾人進行說明。

「現在我會把上面寫著『獨角仙』的箱子交給大家。」

「獨角仙？」

他們看起來似乎不知道什麼是獨角仙。

「是的，等一下只要看一下給大家的箱子裡面，我想各位就會知道什麼是獨角仙了。只不過，雖然可以看別人的箱子，但不能看箱子裡的內容物。我也不會去看每個箱子裡的東西。」

接著，他將10個箱子分發給每個人。拿到箱子的人看了看箱子內部，這是他們首次知道「獨角仙」到底是什麼樣子。

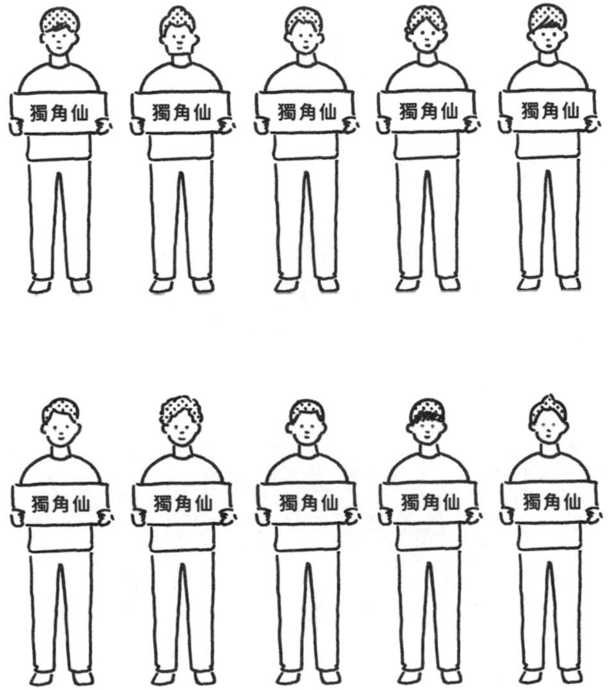

他們每個人都這麼對你說道：

「這箱子裡有獨角仙哦。」

那麼，現在我們就來看看，這些人的箱子裡放的是**你所知道的**獨角仙嗎？

箱子的內容物只有拿到箱子的本人才知道，內容物都被他們稱為是「獨角仙」。雖然其他人手上也都有箱子，不過無法看到裡面的狀況，只能確認這些人都拿著上面寫著獨角仙字樣的箱子。這樣一來，根本無法確認所有人的箱子裡真的都是獨角仙。

這個時候，你向其中1人提問。

「裡面是獨角仙嗎？」

被問到的當事人理所當然地回答。

「對啊，是獨角仙哦。」

那麼，箱子裡面放的真的是獨角仙嗎？當然，並不一定。這個人今天才知道獨角仙是什麼，箱子裡面或許是1小張藍色的紙、也許是個小電燈泡、也許是巧克力、也許是每秒都能會改變外觀的不可思議物體，甚至假使裡面根本空無一物的話，當事人還會把獨角仙當作空氣之類的東西也說不定。

只有自己知道箱子內的東西是什麼

接下來，要從10個人當中亂數選出其中1個。為了得知選定之人的箱子裡是否有你所知道的「獨角仙」，所以要向他提出問題。不過因為你沒有帶文具用品之類的便利工具，所以只能開口發問。

思考1 箱子裡的「獨角仙」是什麼呢？

你一定會像這樣問問題吧。

「箱子裡的是昆蟲嗎？」

「箱子裡的東西是活的生物嗎？」

「箱子中能看見1、2根的角嗎？」

「箱子裡的東西看起來是咖啡色或黑色的嗎？」

「箱子裡的東西有6隻腳嗎？」

如果所有的答案都是「對」的話，就表示裡面就會是你知道的「獨角仙」嗎？雖然具備你描繪出的獨角仙條件，但也無法肯定１００%就是獨角仙對吧。

舉個例子，針對觸角的生長方式或大小、動作，食物，飼養方式等提出詳細的問題，假設對方回答「是」的話，就代表裡面一定是獨角仙了嗎？

萬一這世上存在著您所不知道、和獨角仙很類似的昆蟲，其實也無法否定這種可能性對吧。而且，大家也無法保證自己所描述的觸角生長方式能正確地表達給對方知道。

思考2 其中存在著共通點嗎？

「箱子裡的是獨角仙。」

全部的人都異口同聲地說道。

在這種情況下，假設所有人都知道獨角仙是什麼，箱子裡面的絕對會是大家共同描述的那種「獨角仙」嗎？

請想像一下10個人當中有1人知道的情況。

由方才開頭出現過的科學家男性，向包括您在內的10個人提出問題。

「箱子裡裝的是獨角仙嗎？」

如果在你的箱子裡放了那種「獨角仙」以外的東西時，你也會說出「對，裡面是獨角仙」嗎？

如果裡面裝的是獨角仙的畫時，又會如何呢？
如果裡面裝的是獨角仙的擺飾物時，又會如何呢？
如果裡面裝的是獨角仙這首曲子的CD時，又會如何呢？
如果裡面裝的是寫著獨角仙文字的紙時，又會如何呢？
如果裡面裝的是獨角仙的屍體時，又會如何呢？
如果裡面裝的是「蕪菁」和「蟲」（「蕪菁和蟲」的日文讀音和獨角仙相同）時，又會如何呢？
如果裡面裝的是獨角仙的幼蟲時，又會如何呢？
如果裡面裝的是獨角仙的照片時，又會如何呢？
如果裡面裝的是「請回答『是』」的紙時，又會如何呢？

對於以上這些問題，全部的答案都可是「對，裡面是獨角仙」。然而，就像繪畫或擺設物，箱子裡放的東西可能會天差地別。即使說出口都是「獨角仙」，但是光憑語言本身的力量，想要表示是我們認知中的那種「獨角仙」的話，也是有難度的。

為什麼會發生這樣的情況呢？那是因為問題所描述的是「箱子裡裝的是獨角仙嗎？」這種單純的問題。即使如此，還是有10個箱子裡根本就沒有放進你所認知的那種

A所認爲的
B面臨的疼痛
≠
B本人
感受到的疼痛

無法正確得知對方的疼痛。
B感受到的疼痛
只有B自己才會知道。

「獨角仙」，但全員都表示「對，裡面是獨角仙」的可能性。

「箱中的獨角仙」這個思考實驗是由奧地利哲學家路德維希・維特根斯坦的著作《哲學探究》中所談到的思考實驗。

舉個例子，有個人說自己「好痛」，但我們完全無法得知那個人的痛究竟是什麼吧。是椎心痛、刺痛、腰痛、痛到飆淚，透過言語文字的表達，就能進行某種程度的推測。然而，也不能否認這個人所感受到的疼痛可能和你所想的有如天地之遙。

這邊提到的疼痛就和箱子裡的獨角仙很類似。我們可以用對自己而言能確實理解的標準，去知道是哪邊在痛、感受到那是怎麼個痛法。即使很難感受到究竟是哪裡在痛，但還是能有「不知道痛的是哪裡」這樣的感受，讓我們自己理解就是那樣的疼痛感。然而，就算別人能夠推測你的疼痛，但還是無法確實理解吧。

箱中的獨角仙也是相同的。即使對某個人來說那是「獨角仙」，換成別人的話或許就另當別論了。放在箱子裡面的，只不過是這位某人所認知到的「獨角仙」罷了。

所謂語言，就是為物品或感覺賦予共通的名稱、決定共同的文法，藉此交談來謀求相互了解的便利工具。然而，當語言被用在傳達個人的感覺時，就有所不足了。就像百聞不如一見這句話所說的那樣，要用言語向對方表達「箱中的獨角仙」是很困難的一件事。

思考實驗 15

那是正確的選擇嗎？

找藉口

大學生海斗相當煩惱。住在隔壁的親戚拓哉因為喜愛旅行，所以向打工的地方請了假。這讓也在同家店打工的海斗受到影響，變得很忙碌。

拓哉常掛在嘴上的口頭禪就是「這個月手頭也好緊啊！」、「糟糕，又要向爸媽伸手借錢了！」即便如此，他還是經常規劃旅行。還有，他還表示「擁有自由的時間，或許就只有還是大學生的現在而已，這些都是難得的體驗。」一副完全都沒有受到教訓的態度。

「這個月是姑姑（各自父親的妹妹）的生日，你留點錢下來吧！今年我們2個人不是也要買高級的花嗎？而且上個月買的機車說好要各出一半，但是都是我先代墊的，而且你不是說下個月要還我錢嗎？」

「我知道啦！」

但海斗有種預感，最好還是別對拓哉有什麼期待。

就在這時，海斗在拓哉家的信箱裡那堆寄給拓哉的郵件中，發現旅行社寄來的推薦行程宣傳單。拓哉似乎還沒有發現的樣子。

「拓哉看了這個以後，八成又會想去旅行了。哇，這個日期不就是打工最忙碌的時期嗎？而且又是國外行程。哇！好貴哦！這下他又要跟他爸媽借錢了。老是給爸媽造成負擔真的不太好。而且原本要還我摩托車的錢也要飛了……絕對不能讓他去！」

海斗這麼想著，於是就趁拓哉還沒注意到這些傳單，搶先一步把它們丟到垃圾桶去。

數日後，海斗又去拓哉家裡。

「下週四，我要去外縣市當志工。打工排在下午，也沒有換班，剛剛好！」

「這樣啊，看來會是很好的經驗。」

說到下週四，正是數天前被扔進垃圾桶裡的宣傳單、上頭所載明的行程期間。如果改去當志工的話，對拓哉來說不但沒有花錢，還可以累積拓哉喜歡的「經驗」，真可說是一石二鳥。

之後，兩人也順利地把每年慣例的花束送給了姑姑。而且拓哉在當志工的期間也建立了新的人脈關係，「第1次感到那麼充實」拓哉目光炯炯地向海斗分享這段經歷。

海斗心想：

「我真是做了一件好事呢。拓哉順利讓姑姑感到高興，也不用向雙親借錢，擔任志工的經歷也很開心。而且這次沒有花到的費用多少可以還我機車的錢。當時我把國外旅行的宣傳單丟掉果然是正確的。」

不過，這真的是正確答案嗎？

海斗丟掉傳單，成功阻止拓哉的「浪費」。因為他的舉動，讓拓哉去擔任志工，體驗到和旅行完全不同的經驗，而且還獲得相當大的滿足感。

那麼，海斗的行動真的完全沒有問題嗎？就算他是100%為拓哉著想，但隨意丟掉寄給拓哉的宣傳單，這肯定是有問題的。海斗背著拓哉將宣傳單丟掉，相信可理解成不是件好事。儘管如此，海斗還是覺得「自己做了正確的事」，這又是為什麼呢？

人的大腦常有認為自己的選擇是正確的傾向。活在這世上，人們總是會碰到大大小小的眾多選擇，而且總是會被「可能作出錯誤的選擇」給牽制，最後感到後悔莫及。因此，大腦有個卓越的機能，就會讓人經常相信自己的選擇是正確的。拜這個選擇所賜，無論人們身處什麼樣的環境都能逐漸適應，對於自己的選擇也會認為是很好的決定。

故事裡的海斗背著拓哉，偷偷丟掉寄給拓哉的宣傳單，彷彿像是要消滅心中的罪惡感一樣，他對其結果所帶來的事實給予了最高程度的正面評價。如果拓哉看到宣傳單而出門旅行，或許會和從未想過的幸運相遇，迎接人生的轉捩點也說不定。而且我們也能從結果看出，海斗的行動，最後只跟打工的忙碌程度和機車的費用這些自己在意的事情相關而已。冠上「為了對方好」這種冠冕堂皇的理由，或許只不過是想讓自己可以接受的事情能夠成功罷了。

如果有察覺到自己正在用為了對方著想這個理由來說服自己的話，最好先停下腳步，自問「這是不是自己一廂情願的想法呢？」是很重要的關鍵。

如果將這個故事中的旅遊宣傳單換成別的物品的話，也許可以體會不同的思考實驗樂趣。舉一些例子的話，就像是以下的設定。

（設定1）

如果不是旅行，而是會讓收藏空間不足、奇特嗜好的高價收藏品的傳單呢？

（設定2）

拓哉在不久之前的精神狀況不太穩定。如果是當時的拓哉收到後會相信的高價超自然力量商品或宗教宣傳的傳單呢？

（設定3）

拓哉在女友身上花了不少錢。為了買名牌包給女友，甚至還跟父母借了錢。對海斗來說，拓哉的女友太奇怪了。如果是收到拓哉可能會買給女友的名牌包的宣傳單呢？

（設定4）

海斗向拓哉借了車，拓哉來找他拿車子。如果拓哉的目的，是要去禁止進入的區域等不能進去的地方釣魚的話呢？或這是他可能要去非常危險的場所呢？請從海斗的選擇不是說服，而是考量還與不還這二擇一的選項來思考看看。

水平思考課程 9 Lesson for Lateral thinking

以相同的詞彙完成文章

難易度★★★

請在括號裡的A與B兩處填入相同的詞彙，正確地完成兩句話。答案不只一個。請試著尋找數個可以填入的答案。

︵A︶是︵B︶

︵A︶不是︵B︶

答案

「這句話」是「在右邊」。
「這句話」不是「在右邊」。

「另一句話」是「在左邊」。
「另一句話」不是「在左邊」。

「這句話」是「第1行」。
「這句話」不是「第1行」。

「另一句話」是「第2行」。
「另一句話」不是「第2行」。

「這段文章中」是「只有一個『的』」
「這段文章中」不是「只有一個『的』」

難易度★★☆

圓的法則

「?」中填入的英文字母為何?

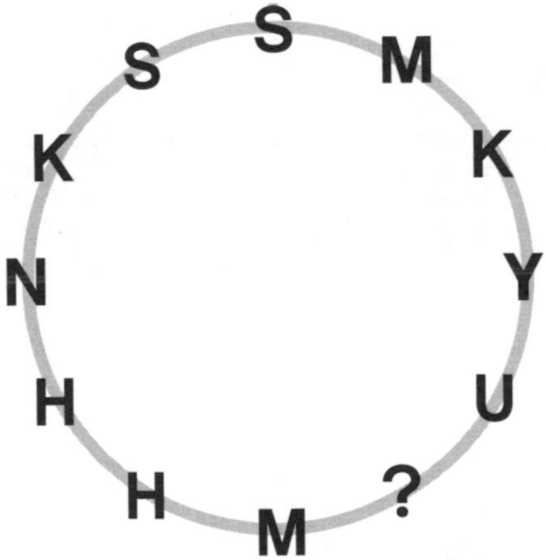

答案

S

這裡顯示的循環是將日本和曆月份的日文名稱頭文字排列成一圈的結果。

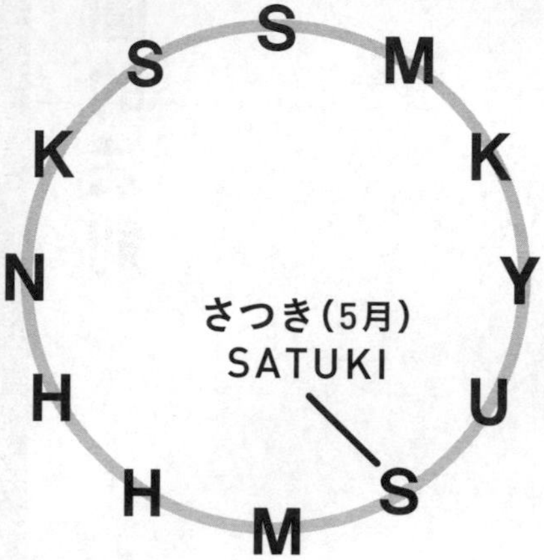

譯註：

一月　睦月　むつき（mutsuki）
二月　如月　きさらぎ（kisaragi）
三月　弥生　やよい（yayoi）
四月　卯月　うずき（uzuki）
五月　皐月　さつき（satsuki）
六月　水無月　みなつき（minatsuki）
七月　文月　ふみづき（fumizuki）
八月　葉月　はづき（hazuki）
九月　長月　ながづき（nagazuki）
十月　神無月　かんなづき（kannazuki/kaminashizuki）
十一月　霜月　しもつき（shimotsuki）
十二月　師走　しわす（shiwasu）

房間的居民

A～L等12人，各自住在公寓的1個房間內。請從以下1～5的提示描述，猜猜看標有星號的房間裡住的是誰。相鄰是指上下左右的房間連結關係，不包括斜向相連。

1　L樓上的房間住的是E。
2　K的房間和4個人的房間相接。這4個人就是D、G、H、I。
3　C的房間和便利商店相接。
4　B樓上的房間住的是I。
5　A的房間和G、L、J的房間相鄰。

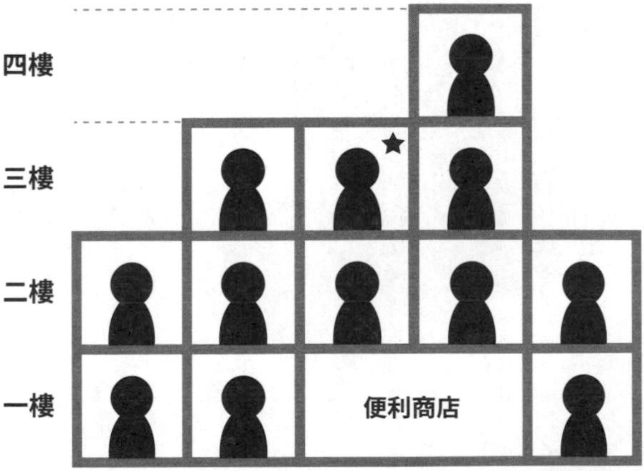

難易度★★★

根據提示 1

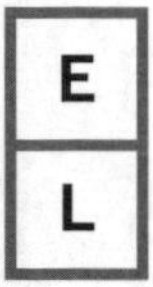

根據提示 4

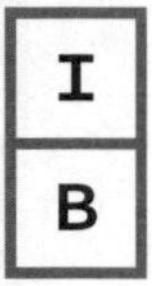

根據提示 2，
周遭有 4 個房間的，
就只有這一間符合，所以這是 K 的房間。

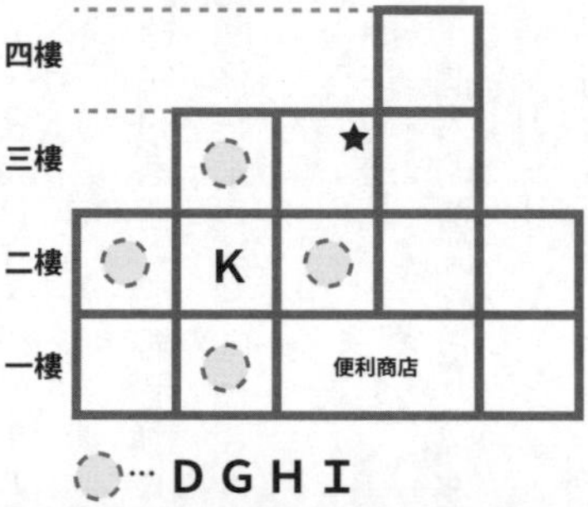

首先，我們先從第1點到第5點的線索推測出上方的情報。

從提示5可以得知A的房間和G、L、J所在的3間相接。而K周圍的房間之一就是G的房間。

如果A住的是星號房，就只和K周圍4人之中的2人有相鄰的關係，所以A住的不是星號房。也就是說，和住在K周圍的G相連，而且還要滿足跟3間房相連的那間，就是A的住處。

一旦A的房間確定後，從提示3得出C的房間位於1樓的最右邊。將已知的情報匯整後，就如左圖所示。

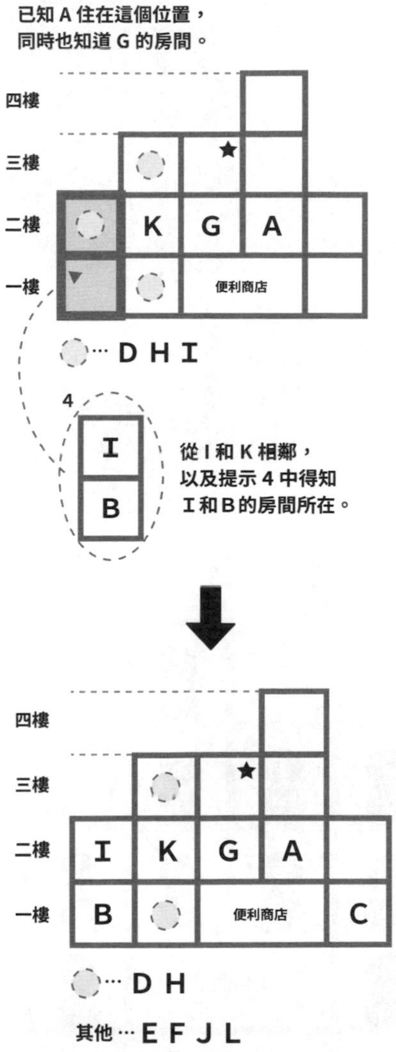

答案 F

由提示1可知L的上方房間住的是E。因此，從剩下的房間裡，可知上下相接的房間就是L和E住的房間。J和A的房間相接，可知J的房間為C上方的房間。

最後剩下的F就是住在星號房的房客。

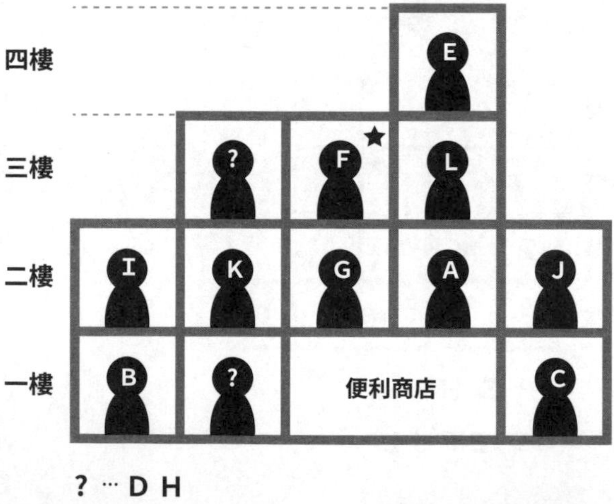

第 6 章

試著圖表化看看

視覺化之後就能看得透徹

人們在接受外來的資訊時，據說大約超過8成是仰賴視覺。

如果要請你描述眼前的照片是什麼樣的內容，只靠言語來說明的話也是相當困難的吧。在嘗試之前，就已經能預測到結果了。

「上方的3分之1是天空，淡藍色的青空可以看到3朵雲……每朵雲大概相當於照片寬度的3分之1左右吧……」

無論再怎麼努力描述，也會感受到想正確傳達是很不簡單的吧。如果讓聽你說明的人把內容畫成圖畫，想必會出現一張和照片相差甚遠的畫。不過，只要看到照片一眼，就能立刻理解「你所說的就是這樣啊」。就像這樣，**視覺是能快速獲取情報的卓越感覺。**

現在請想像預約電影院或劇院位子時的情況。

現場沒有座位表，空位在1樓第1排的7號、9號、14號，第2排的8號、11號、22號、24號、25號，以及第3排的……如果是以文字的方式將所有的資訊都寫出來的話，各位感覺如何呢？

如果只寫下是S席或是A席也令人難以理解。是在走道的旁邊嗎？面對舞台的角度是？距離出入口近還是遠呢？只有數字的話是很難理解的。

這種時候，應該就會讓人希望看到將資訊整理成容易理解的圖表。如果圖表化的話，一眼就能知道是哪裡的位子，像是用紅色表示空位之類的方法，要預約位子就更輕鬆了。

在這個章節登場的思考實驗，就是要介紹視覺化以後變得更容易理解的項目。因此內容中會出現一些插圖作為輔助，請各位準備紙和筆，一邊動手一邊思考，相信會更有助於理解。

那麼，接下來就是最後一個章節了。

這裡的主題會需要大家稍微動動大腦，如果能讓各位樂在其中的話，就太令人開心了。

思考實驗 16

確實勝出的是哪一邊呢？

膽小鬼遊戲

在一個萬里無雲的早晨，山崎裕太朝向附近某個大型活動的會場走去。現場熱鬧非凡……

今日這個會場裡，正在舉行實驗性的比賽。會場外也是人山人海，每個人都在談論著這個即將展開的奇妙賽事。

山崎對於周遭異樣的氣氛感到在意，就在他走近會場時，便看見有面看板。

＝＝＝＝＝＝＝＝＝＝＝＝＝＝＝＝＝

這是個可能會導致死亡的實驗。

如果可以你能脫穎而出的話，

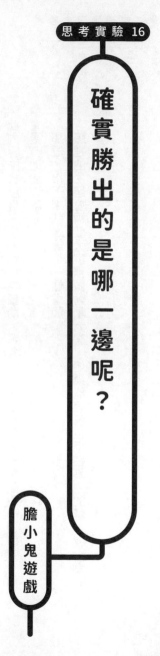

就可獲得豐厚的大獎。

靜候各位的參與。

＝＝＝＝＝＝＝＝＝＝＝＝＝＝＝＝＝

「參加者會死掉？應該不會有這麼扯的事情吧！不過真是罕見的比賽，那麼稍微來看看情況好了。」

山崎帶著輕鬆的心情進入活動會場，這時有個看起來像是工作人員的人前來招呼他。

「這裡是膽小鬼遊戲的比賽會場，您想參加這個遊戲嗎？」

「這是什麼樣的比賽呢？」

「膽小鬼遊戲的英文是『CHICKEN GAME』，指的並不是雞而是膽小鬼。讓兩輛車以超快的速度向前奔馳，而且彼此要往正面對撞的方向，也就是說，要直直地往前方那輛車衝過去。」

「撞到怎麼辦呢？會死掉耶！」

「只要有一方閃避的話就能避免相撞。避開時，務必要將方向盤往右邊切，這是比賽的規則。然後，夠勇敢、沒有閃避的挑戰者會獲得勝利。如果雙方都沒避開，導致相撞的時候，則判定兩邊都落敗。」

膽小鬼遊戲的內容

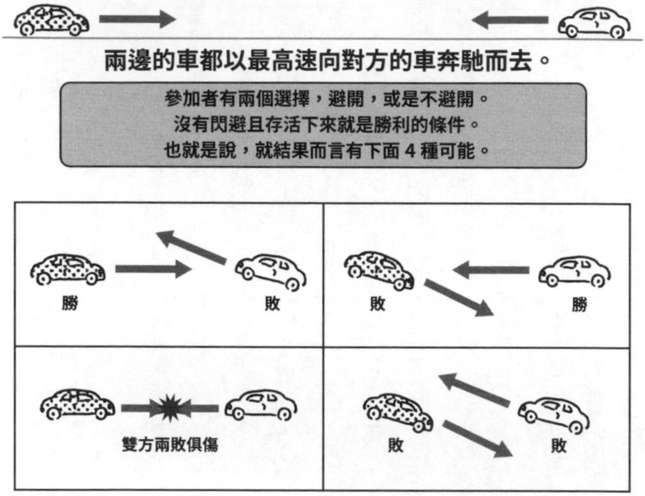
兩邊的車都以最高速向對方的車奔馳而去。
參加者有兩個選擇，避開，或是不避開。
沒有閃避且存活下來就是勝利的條件。
也就是說，就結果而言有下面 4 種可能。
勝
敗
敗
勝
雙方兩敗俱傷
敗
敗

「原來如此……這就是膽小鬼遊戲啊……」

如果獲得勝利，就能得到豐厚的獎品。這時山崎開始想著，能夠贏得這場膽小鬼遊戲的人會是個怎麼樣的人呢？

「首先，讓我們整理一下遊戲的內容吧！為了獲得勝利，就只有對方閃避，而自己不閃避才行。要達成這個條件的話，會是什麼情況呢？怎麼樣的人才能獲勝呢？」

如果是你挑戰這個膽小鬼遊戲的話，會採取什麼樣的行動呢？在考量自己行動的同時，你應該也會評估對方會採取什麼行動吧。

現在，就讓我們來思考看看對方回

避和不回避的情況。

思考1 如果判斷對方不會閃避的話？

考量到對方不會閃避的情況下，你的行動就只有一個，那就是避開。

如果對方不避開、自己也不避開，就會因為雙方死亡導致兩敗俱傷。但不會有這種情況發生吧，因為不論是誰都不會想死，所以這個結果可說是最糟的結局。為了避免造成這樣的局面，你只有選擇回避才行。

假設對方不回避，但自己閃避了，最後對方獲得勝利，而自己會被稱為「膽小鬼」。即使蒙受這番羞辱，也比丟掉性命來得好多了吧！嚐到敗北滋味的你，肯定會這麼想的。

「那個贏家會獲勝，是拜我退讓所賜，如果沒有我的正確判斷，大家早就死了。」

思考2 如果判斷對方會閃避的話？

當你判斷對方是「膽小鬼」的時候，你就沒有必要避開了。勇敢地驅車向前，獲得最後的勝利。如果對方閃避，而您沒有避開、仍繼續往前開的話，勝利就是你的囊中物了。

贏得勝利的你可能會這麼想。

「對方是『膽小鬼』真的太好了，因為我比較勇敢，所以才能贏得勝利，我在這場對決中贏了。」

那麼，也讓我們來想想「對方不閃避」的情況和「對方有閃避」的情況。在各個情況中，自己的行動也有改變，勝負的走向也有所變化。在膽小鬼遊戲中，不是勝利就是失敗，就這兩種走向。將截至目前為止的思考整理一下後，就知道判斷對手駕駛員是個什麼樣的人物，才是這場比賽的重點。

不過，其實我們在後面就會談到這個遊戲的重點。請大家再繼續想想吧！

思考3 —— 自己能下定決心不閃避嗎？

這是考慮自己，而不是衡量對方的場合。

說到底，對方想必也不想死。即使成功獲勝的話就可以贏得高檔的獎品，但考量到可能會死掉的可能性，就不會作出不閃避的決定。如此一來，自己的決定也變得簡單了。只要能看穿對方要回避就勇往直前。從這個角度去思考，感覺這就是個很簡單的遊戲。不過，我們從經驗就能得知，實際上是無法作出這種判斷的。

這裡必須考量的視點還有1個，那就是對方也會和你一樣在思量你會怎麼出招。對方應該也覺得你不至於作出玩命的愚蠢判斷吧。如果是這樣的話，對方或許會預想你會選擇閃避，然後朝你直直地衝過去。在這種情況下，你的選擇就只有一個，那就是切換方向以避開對方來車。

這個遊戲的結果，如果沒有出乎意料之外的話，大概會是以下的結局。雙方都想著「如果我強勢一點，對方因為不想死，所以一定會避開吧。不過，對方也許也是這麼想的，然後就直接衝過來。總之不能死，所以最後只好避開了。」然後在最後關頭選擇閃避。最後的結局，就是兩邊都輸了。

為了整理這項實驗的結果，我們將對我方來說最佳和最壞的結果整理成表格看看。

對自己而言，好的結果和壞的結果是什麼？

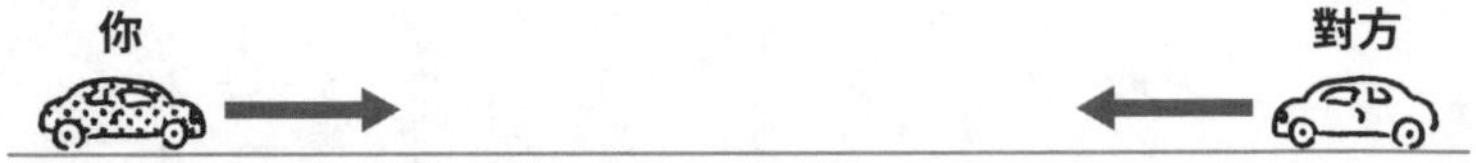

實驗開始了。
對你而言，會期待是什麼樣的結果呢？
請將以下的 A ～ D 從最好的依序排列。

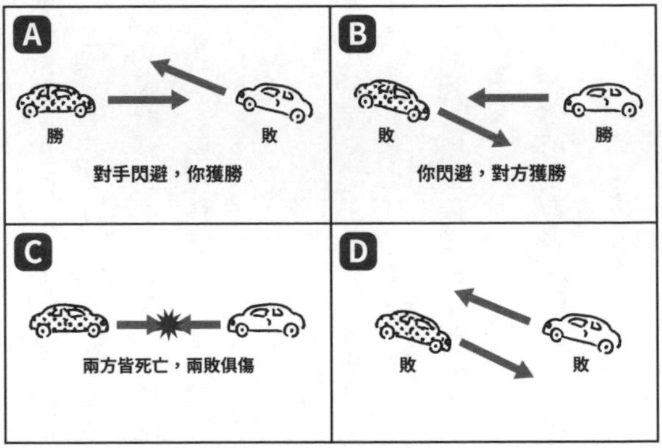

最好 **A > D > B > C** 最壞

首先，最好的情況是A，也就是自己獲勝的情況。然而，為了達成此目標，有可能必須作出「就算會犧牲生命也要衝過去」這樣的愚昧行為。

位居第2好的，就是D這種兩邊都輸掉的情況。因為彼此都逃避對決，所以落得雙方皆輸的下場，這應該可以報以微笑，讚揚對手一番。例如「我們都不是笨蛋，實在太好了」之類的。

接下來是B的情況。你成了對方的手下敗將，要承受「膽小鬼」這樣的屈辱稱呼，不過這遠比死掉還來得好吧。

最後就是C的情況，雙方都死了，這是玉石俱焚的情況。因為要達成A的結果幾乎是不可能的，所以心態上趨近落在結局第2好的D，這種局面走向是比較自然的。

那麼，接下來讓我們改變一下條件，再進行思考實驗吧。

◀ ◀ ◀

思考實驗 17

真的不利的是哪一邊呢？

膽小鬼遊戲2

＝＝＝＝＝＝＝＝＝＝＝＝＝＝＝＝＝

這是個可能會導致死亡的實驗。

如果可以你能脫穎而出的話，

就可獲得豐厚的大獎。

靜候各位的參與。

＝＝＝＝＝＝＝＝＝＝＝＝＝＝＝＝＝

聽聞那個舉辦膽小鬼遊戲的會場將會再次進行相同的實驗，因此山崎再次前往會場。但是總覺得和之前的比賽相比，這次的條件有些不同。

於是山崎立刻向相關人員詢問了這次的規則。

「這次有個和先前不一樣的地方，就是其中有1輛車會有共乘者。」

「共乘者？」

「是的，這位共乘者就是接受過特殊訓練的占卜師，在起跑後，他立刻就能百分之百地判斷對方會衝過來還是閃避。當然，如果對手心意改變的話，他也能立刻告知駕駛者。只不過，這位作為共乘者的占卜師實際上並不會真的搭上車，而是在車內架設監控器，本人待在會場的另一間房間內。」

「意思就是只有其中一邊能預測對手的行動嗎？」

「就是如此。一開始會用猜拳的方式來決定能選擇占卜師那輛車的權利。也就是說，猜贏的人可以選擇要開哪一輛車。」

你可以獲勝嗎？

對方的車能用百分之百的準確度預測你的行動。
因此，對方採取的行動是刻意「晚出招」。
這簡直就是「慢出的猜拳」。這種條件應該很不利吧……？

山崎決定參加這個實驗。如果猜拳猜贏的話，幾乎等同於獲勝了，至少不會落到輸掉的下場。

山崎是這麼想的。

「我猜拳猜贏的話，就會搭上占卜師的那輛車。就像之前的膽小鬼遊戲理所當然地出現『兩方都閃避』這個答案，這次對方也會選擇閃躲。而且，只要仰賴占卜師的力量就能百分之百確定這件事。如此一來，只要朝著會閃避的對方直接衝過去就可以了，什麼都不必害怕。勝負從一開始的猜拳就決定了。」

那麼，讓我們來思考一下，山崎裕太的想法是否正確呢？

只是，要先設定占卜師真的能以百分之百的準確率來解讀對方的行動，而且會場中的每個人都對此深信不疑。

只要搭上占卜師共乘的那輛車，確實能避免「死亡」。箇中原因，就是如果知道對方會衝過來，我方就能選擇掉閃躲。如此一來，這場膽小鬼遊戲也沒有什麼好恐懼的。若是知道對方會閃避的話，只要勇往直前就沒問題了。那麼，事實正如山崎的想法，是從一開始的猜拳就決定勝負了嗎？

和前一篇一樣，如果參加的是你，你會怎麼做呢？

思考1 你猜拳勝出，和占卜師共乘的話？

如果猜拳猜贏的話就能安心了，可以選擇和能帶來勝利的占卜師共乘一輛車。在這個時刻，「死亡」這個選項對你來說已經不存在了，因為不會發生正面衝突。正如山崎所想的，如果對方不閃避的話，就由我們這邊避開；如果對方回避的話，我們就不閃躲，如此一來就能獲得勝利，一點也不會感到恐怖。像這樣有利的比賽簡直是天方夜譚。不過，事實真是如此嗎？

讓我們換個角度來思考看看吧！

思考2 對方猜拳勝出，和占卜師共乘的話？

假設你運氣不好在猜拳時輸掉了，讓對方開心地和占卜師搭上同一輛車。這時您應該會這樣想，在這過時刻，對方已沒有「死亡」這個選項了。

「這未免也太不利了，如果對方可以百分之百解讀我的行動，是不可能會輸的。該怎麼辦呢？只能閃躲了吧。」

不過，如果在這裡改變發想的話，就能讓你扭轉戰局，一口氣反敗為勝。那麼這會是什麼樣的發想呢？

你已經知道對方能對自己的行動進行百分之百的解讀，這件事就可以作為發想的出發點。

當對方和占卜師同隊時，最糟糕的結果，也就是雙方正面衝突導致死亡這樣的結果已經不會發生了。不過，這對你來說也是同樣的道理。知道一切的對方能確實回衝撞，對你而言也比較安心。也就是說，無論你再怎麼亂來，對方都會以迴避死亡為目標而努力。從這裡就可導出1個答案。

你只要不顧一切地猛踩油門奔馳就好。和占卜師共乘的對方不會死亡的。沒關係，他們一定會想避開。最後你就成了勝利者。

以直覺來想，如果占卜師和你同隊的話就能安心。不過，如果能預測一切，反倒代表著必須承擔讓一切導向最佳結果的責任。如果占卜師在你這一邊，對方就會把後續的走向都交由你這邊決定，然後隨自己的意思展開行動。能預測未來，有時也可能形成壓倒性的不利。

如果猜拳猜贏的話，應該毫不猶豫地將占卜師讓給對方，這才是正確的作法。

思考實驗 18

可以破解數字魔術嗎？

骰子與攤販

在某個週六的午後，正在享受休假時光的上原秀平望向設置在街上一角的成排攤販。他在其中一家店前停了下來，目不轉睛地盯著一幅畫，感覺很有興趣的樣子。攤販老闆便開始和他攀談。

「您喜歡這幅畫嗎？這幅真的很棒哦！客人，您很有眼光啊。其實我是不想賣掉它的，不知道您想不想來賭一把看看？」

上原帶著狐疑的表情看著這位攤販老闆。

「啊！這並不是什麼奇怪的賭注哦。這裡有兩顆骰子，就用這個來賭賭看，把骰子搖一搖擲出後，就會出現3種組合。」

「不，應該更多吧。因為是骰子，所以即使只擲1顆就會有6種組合才對。」

「哎呀，我指的是奇數和偶數的組合，有兩顆都是1、3、5奇數的組合，也有兩顆都是偶數2、4、6的組合，以及1顆奇數和1顆偶數的組合。」

「原來如此，的確是有3種組合呢！接下來呢？」

「把這骰子擲個20次左右。如果兩顆都是奇數或都是偶數出現的頻率較高的話，這幅2萬日圓的畫就免費送給您。不過，若是奇數加偶數的組合出現比較多次的話，這幅畫就賣您2萬7000日圓，您覺得如何呢？3種組合裡，有2種可以免費拿到畫，即使沒賭贏，也只多收您7000日圓而已。」

「我是可以啦……不過，這裡頭是不是有動什麼手腳啊？我不覺得這種賭注對你有利耶！」

「不不，骰子並沒有什麼機關喔。我只是看到您在欣賞這幅畫時的眼神，所以就想來賭賭看而已。偶爾這樣小賭也無傷大雅嘛！您看起來也是個幸運的人呢！」

於是上原答應賭賭看，一次接著一次擲起了骰子。接下來發生了什麼事呢？結果，他擲出最多的，就是對攤販有利的顆奇數、一顆偶數的組合。

「哎喲！是我贏了。這樣的話，嗯，既然是賭注那就不好意思啦，要跟客人您收2萬7000日圓吧！」

「真是沒辦法，明明是對我有利的賭注啊，不過這幅畫我也滿欣賞的啦！」

5個小時後……

上原在常去光顧的酒吧裡喝酒。

「……事情就是這樣，我輸了賭注。明明就對我有利的賭注啊，運氣還真差！」

「咦！竟然有這種事，不過這位客人，那個攤販竟然自動提出對自己不利的賭注呢。」

「我也是這麼想的。不過，這果然還是對我有利的賭注啊！」

「比方說……」

酒吧老闆拿出兩枚硬幣放在吧台上。

「這兩枚硬幣有可能正反各出現1枚，有可能2枚都是正面，也有可能2枚都是反面，這樣的情況就和您的賭注一樣吧。」

上原一手拿著酒杯，點了點頭。

「對呀，完全相同，這也是3種組合。」

酒吧老闆將這兩枚硬幣分別用手指彈起，它們落在吧台上，兩面都是正面。

「都是正面呢。如果這個組合出現最多次的話，我就贏了。哈哈！」

「那多試幾次看看吧。」

老闆試了10次。

「3次出現正面，2次出現反面，一正一反共5次，嗯，這樣一來也是攤販會贏呢。哎呀，這是湊巧嘛……」

「這樣的結果就是湊巧吧。今天我運氣不好，剛才也差一點打翻玻璃杯，這樣說來，白天時還錯過了電梯，今天也下了3次雨吧？那3次我人剛好都在外面。」

思考1 上原只是運氣差嗎？

考量到兩顆相同的骰子在思考時感覺會比較複雜。這裡我們假設1顆骰子是白的，1顆骰子是黑的。

★白色骰子數字是1時

當白色骰子數字為1時，黑色骰子可能出現1～6等6種結果。每種出現的機率都是相同的。

也就是說，「1．1」、「1．2」、「1．3」、「1．4」、「1．5」、「1．6」出現的機率是相同的。兩者都是奇數有3種組合，奇數加偶數也有3種組合，這兩種類別的出現機率是一樣的。

★白色骰子數字是2時

接著我們思考看看白色骰子是2的情況吧。此時，黑色骰子也會出現6種結果。所以組合就是「2．1」、「2．2」、「2．3」、「2．4」、「2．5」、「2．6」。兩者都是偶數有3種組合，偶數加奇數也有3種組合，

★白色骰子數字是1～6時

讓我們試著寫下所有可能出現的組合。

1·1　1·2　1·3　1·4　1·5　1·6
（奇數·奇數3組，奇數·偶數3組）

2·1　2·2　2·3　2·4　2·5　2·6
（偶數·偶數3組，奇數·偶數3組）

3·1　3·2　3·3　3·4　3·5　3·6
（奇數·奇數3組，奇數·偶數3組）

4·1　4·2　4·3　4·4　4·5　4·6
（偶數·偶數3組，偶數·奇數3組）

5·1　5·2　5·3　5·4　5·5　5·6
（奇數·奇數3組，奇數·偶數3組）

6·1　6·2　6·3　6·4　6·5　6·6
（偶數·偶數3組，偶數·奇數3組）

全部有36種組合，每種機率都是一樣的（36分之1），奇數·奇數有9種組合、偶數·偶數有9種組合、奇數·偶數有18種組合。這樣一想，攤販的勝利也正如機率所示。

只要不是一定勝負，擲出20次之多的話，就會接近機率所顯示的結果。

讓我們也來想想酒吧老闆執銅板的情況。
試想有藍色和紅色兩種銅板。

正面（藍色）・正面（紅色）
正面（藍色）・背面（紅色）
背面（藍色）・正面（紅色）
背面（藍色）・背面（紅色）

可能出現的組合是以上4種，每種都是25％（4分之1）的機率。其中有兩組是正面加背面的組合，也就是說，有50％的機率會出現正反兩面的組合。

思考實驗 19

歡迎來到無限的世界！

希爾伯特旅館

希爾伯特旅館備有無限的房間，是間不可思議的旅館。全部都是個人室，目前是客滿狀態。

現在有位旅客前來住宿。

「不好意思，請問今天還有空房嗎？」

不過眼前就掛寫著客滿的牌子，讓這位客人有些失望。

「啊，客滿啦……那個，不知道還有沒有別的辦法呢？」

旅館目前是客滿狀態。不過，櫃檯人員山寺這麼回答：

「這位客人，當然有辦法的。目前雖然是客滿狀態，但請您稍待片刻。現在為您騰出1號房。」

希爾伯特旅館是？

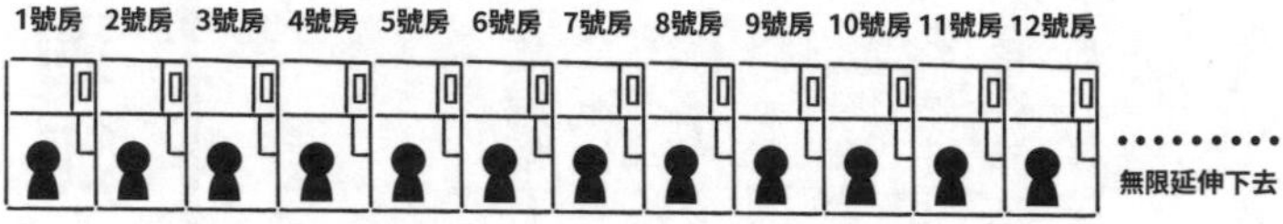

從1號房開始，房間會依照順序無限延伸下去。
所有房間都有客人住宿，目前是客滿狀態。

山寺以熟練的動作，拿起連繫全部房間的電話，說道：

「各位親愛的貴賓，抱歉打擾各位了，現在要麻煩大家往您下一號的房間移動。」

爲了讓新來的客人可以入住的話？

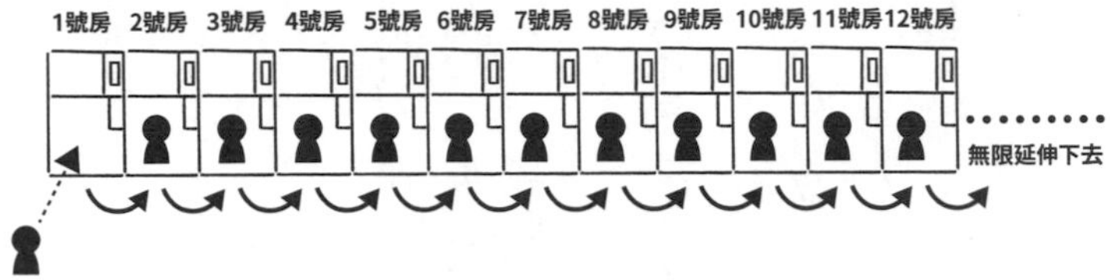

只要一個個移動，1號房就會成爲空房。

當房客們一起更換房間後，就能順利空出1號房。

山寺將1號房的鑰匙交給新來的客人。

「今天非常感謝您蒞臨本旅館。客人請好好休息。」

這位客人心想：

「不是客滿嗎？為何我還是可以入住呢？」

那麼，現在就請各位來想想原因到底是什麼呢？

如果是一般的旅館，客滿時就無法再讓新來的客人入住了。不過，這間希爾伯特旅館是間擁有無限房間的旅館。因為房間無限，所以房間可以一路無限延伸下去，一字排開的房間是沒有終點的。

思考1 「住在最後那間房的客人」到哪裡去了呢？

如果房間能無限延伸的話，就沒有「住在最後那間房的客人」這個問題。因為住進最後那間的房客如果存在的話，房間就只會到那裡為止，並非無限延伸了。

希爾伯特旅館擁有永久無限延伸的房間以及住宿的房客，所以「住在最後那間房的客人」這樣的說法並不適合，這種說法僅在有限的世界裡通用。

思考2 — 新來的客人為何被安排在1號房呢？

為什麼希爾伯特旅館會需要請所有的房客移動房間呢？這裡和前面提到的「住在最後那間房的客人」並不存在也有關聯。既然最後的房間不存在的話，新來的客人就無法住入最後的房間。

不過，即使是無限，也存在著「開始」。1號房就是起始的房間，從這裡開始，房間就會無限延伸下去。

（如果設定1000號是最後的房間，並且和前面的房間無限延伸的話，那麼最初的房間就不會存在）

那麼，我們已經知道1號房是最初的房間。然而，終點是永無止盡延續的。也就是說，1號房的房客移動到2號房、而2號房的房客移動到3號房……無限延伸下去，1號房就能騰出來了。

因為是客滿狀態，所以就會讓人聯想到「最後那位房客的房間……」這樣的印象，但這種個覺是數於有限的世界。在無限的世界中，因為房間有無限多個，所以沒有必要在意最後那間房的問題。

舉例來說，請大家看看下面兩個數字。

$\boxed{A}$　0.111……

$\boxed{B}$　0.0111……

在比較這兩個數字時，除了小數點第1位的數字不同之外，還有什麼差異嗎？例如，在「……」的部分上多放幾個1的話，就很難無法分辨A與B之間的差別吧。B多出1個0，如同是最後的1往後移動所空出的位置。

將這邊的小數點以下想像成希爾伯特旅館看看，如果1是客人住的房間，而0是空房時，檢視B的數字，因為有房間空出來了，可以想成有新來的客人要入住的概念。

思考3 明明房間有無限多間，為何還會說是客滿呢？

大家會不會覺得原本就設定房間是無限的，不過又用了客滿這個詞彙，實在很難理解呢？如果房間有無限個，無論來了多少客人應該都不會客滿。不過，因為這裡是無限的世界，就讓我們稍微改變一下思考的方式吧。

現在的房間有1位客人入住，這種房間被製作出無限多個。如此一來，無論房間有多少，就確實都處在客滿的狀態。

提出這個思考實驗的學者，是德國數學家大衛・希爾伯特。希爾伯特旅館是現實中不存在的旅館，所以感覺有點難以想像。即便如此，還是能在大腦中描繪出來，從中可以感受到人類想像力有多豐富呢。

不過，無限這個概念是相當困難的。希爾伯特旅館是為了有助於想像無限的概念，才設定出來的思考實驗。

這個思考實驗還有後續，如果問題開展至「當新來的客人無限出現時，該怎麼辦呢？」因為房間無限延伸，櫃檯的山寺就必須持續打電話。但如果是希望大家無限往下移動的指示，也不會知道最後該移動到哪裡，所以是不可能的。

此時，山寺這麼說道：

「請往各位目前房間號碼兩倍數字的房號移動。」1號房的人往2號房移動、5號房的人往10號房移動、55號房的房客往110號房移動。如此一來，目前住宿的房客就都會移動到偶數房。也就是說，奇數房全被空出來了，這樣就能無限提供住宿。

看起來的確是順利地進展中，但只要想像住在1000兆號房的房客，到底要移動到多遠的房間才行時，就會感到無限的可怕力量吧！

後記

由「思考實驗」展開思考課程是否有讓各位朋友樂在其中呢？試著想想平常不會考量的點、進行平日不太會採用的思考方式，就能為大腦整體注入一股活力，創造嶄新的大腦神經迴路，引導出蘊藏其中的力量。如果你感到思路清晰或覺得有趣時，也許就是大腦中正在生成新的細胞或神經迴路的最佳證明。

就像開頭提及的「火星移居計劃」已經是正式展開的規劃，火星的議題已經變成和我們生活相近的一部分。即使如此，現在還是缺乏真實感，畢竟目前想著要移居火星的人也寥寥無幾吧。然而，在數十年前，移居火星還像是科幻世界裡發生的事，也和揮指一彈就能放出火焰「幻想世界」差不多。也就是說，就像「思考實驗」一樣，還是只能在腦海中建構的世界。如果我們再往從前追溯，人類要在天空飛翔也曾經被歸類為幻想不是嗎？當時的人們想像力很豐富，認為人們在身上裝戴羽毛便能自由自在地在天空飛翔，雖然後來是以不同的方式誕生，但現今飛機已經理所當然地在天空中翱翔的世界了。

後記

目前仍位於作為「思考實驗」讓人們發揮無窮想像力階段的傳送裝置、時光機以及其他不可思議的事物，也許在300年後、500年後，就會像現在的火星移居計劃那樣更趨近於現實也說不定呢。

事實上，傳送裝置就原理上來說是有可行性的，就像本書中出現以細胞層級進行複製的這種類型一樣。將來，如果有朝一日有「傳送裝置即將問世」的消息出現時，也許會在談話性節目引發一陣熱潮討論，探討著「以傳送裝置傳送過來的人可以說是同一個嗎？」這樣的話題。

人類可讓想像力無限延伸，讓從根本設定進行深思的這種思考實驗得以完成的唯一生物。接著，運用想像力和發想力，然後從中深化思考、形成邏輯判斷力，發明出各式各樣的產品，逐步成長到這樣的階段。在本書中介紹的思考實驗和謎題，只要您能參與其中，一起腦力激盪，就能延伸前述的能力。

如果各位朋友可以在這本書中感受到「思考真好玩」、「或許邏輯思考並不是一件難事」等思考的趣味性，筆者會感到十分欣慰。最後誠摯感謝您對於本書的厚愛，萬分感謝。

北村良子

PROFILE

北村良子（Kitamura Ryoko）

生於1978年。有限公司ESOPHIA負責人。以益智謎題創作者的身分，為網路舉辦的活動、企業活動、書籍或雜誌等刊物為對象設計謎題。著有『思考實驗室：鍛鍊邏輯思考力的33個思考實驗』、『習得一流思考術的思考實驗Beginners!』（暫譯）、『最好玩的邏輯思考練習本』等書籍。也經營「IQ脳.net」（https://iqno.net/）、「老年若脳」（magald.com/）等網站。

TITLE

不燒腦邏輯學

STAFF

出版	瑞昇文化事業股份有限公司
作者	北村良子
譯者	瑞昇編輯部
總編輯	郭湘齡
責任編輯	張聿雯
文字編輯	蕭妤秦
美術編輯	許菩真
封面設計	許菩真
排版	許菩真
製版	印研科技有限公司
印刷	桂林彩色印刷股份有限公司 紘億彩色印刷有限公司
法律顧問	立勤國際法律事務所　黃沛聲律師
戶名	瑞昇文化事業股份有限公司
劃撥帳號	19598343
地址	新北市中和區景平路464巷2弄1-4號
電話	(02)2945-3191
傳真	(02)2945-3190
網址	www.rising-books.com.tw
Mail	deepblue@rising-books.com.tw
初版日期	2022年4月
定價	300元

ORIGINAL JAPANESE EDITION STAFF

ブックデザイン	小口翔平+山之口正和+上坊菜々子（tobufune）
装画・挿画	加納徳博

國家圖書館出版品預行編目資料

不燒腦邏輯學/北村良子作；瑞昇編輯部譯. -- 初版. -- 新北市：瑞昇文化事業股份有限公司, 2022.04
240面；12.8 x 18.8公分
ISBN 978-986-401-550-4(平裝)

1.CST: 邏輯 2.CST: 思考

150　　111003553